उर्दू के मशहूर शायर

क़तील शिफ़ाई

और उनकी चुनिंदा शायरी

संपादक

नरेंद्र गोविन्द बहल

www.diamondbook.in

प्रकाशक: **डायमंड पॉकेट बुक्स (प्रा.) लि.**

X-30 ओखला इंडस्ट्रियल एरिया, फेज-II

नई दिल्ली- 110020

फोन : 011-40712200

ई-मेल : sales@dpb.in

वेबसाइट : www.diamondbook.in

Urdu Ke Mashhoor Shayar Qateel Shifai Aur Unki Chuninda Shayari

Ed. By - *Narender Govind Behl*

दो शब्द

उर्दू के मशहूर शायर "क़तील" शिफ़ाई की पैदाइश 24 दिसम्बर 1919 को हरीपुर हज़ारा (पाकिस्तान) में हुई थी। कतील शफाई का ख़ानदानी नाम औरंगज़ेब रखाँ है। आपकी परवरिश बहुत ही अच्छे घरेलू माहौल में हुई। आपने शुरूआती तालीम गवर्नमेंट हाई स्कूल हरीपुर हज़ारा में हासिल की। "शिफ़ाई" का शब्द आपने अपने उस्ताद हकीम मौहम्मद "शफ़ा" से जुड़े होने की वजह से जोड़ा। हालाँकि आपकी इस्लाह शागिर्दी का ज़माना बहुत ही कम रहा इसके बावजूद आपने उस्ताद का नाम अपने साथ जोड़ा, यह एक अच्छे और ईमानदार शागिर्द की पहचान है।

क़तील साहब के वालिद का इंतकाल बचपन ही में हो गया था जिसकी वजह से उन्हें बड़ी मुसीबतों का सामना किया । वालिद के इंतकाल के बाद क़तील साहब ने पढ़ाई छोड़कर स्पोर्ट की दुकान खोली। बाद में बज़ाज़ी का काम शुरू किया और नाकाम होने पर वतन छोड़कर रावलपिण्डी चले गए। जहाँ उन्होंने साठ रुपये माहवार पर "मरी ट्रांसपोर्ट कम्पनी" में नौकरी की। 1946 में "अदबे-तलीफ़" के चौधरी नज़ीर अहमद ने "क़तील" को लाहौर बुलवाया और "अदबे-लतीफ़" का सह-सम्पादक के ओहदे पर रख लिया। लाहौर के साप्ताहिक अख़बार "स्टार" में "क़तील" साहब की पहली ग़ज़ल साया हुई जिसके सम्पादक "क़मर" जलालाबादी थे। जनवरी 1947 में लाहौर के एक फ़िल्म निर्माता ने अपनी फ़िल्म के गाने लिखवाने के लिए क़तील को लाहौर बुला लिया और फिर वह वहीं के हो रहे । उनकी एक किताब "मुतरिबा" पर पाकिस्तान का सबसे बड़ा साहित्यिक पुरस्कार "आदम जी एवार्ड" भी मिला। उन्होंने कई फ़िल्मों के बेहतरीन गीतों पर सोलह एवार्ड हासिल किए। इस दौर में खूब तरक्की करने वाले शायरों में "क़तील" शिफ़ाई का नाम भी शुमार है।

साल 2003 की शुरुआत में क़तील शफ़ाई ने इस दुनिया से विदा ले लिया और इस तरह उर्दू की एक बड़ी हस्ती हम सब से दूर हो गयी।

"फैला है इतना हुस्न, कि इस कायनात में इन्सां को बार-बार जनम लेना चाहिए"

-संपादक

नरेंद्र गोविन्द बहल

narendergovindbehl@gmail.com

प्रकाशकीय

नरेन्द्र गोविन्द बहल उर्दू और हिन्दी कविता में गहन रुचि रखते है जिसके कारण उन्होंने अधिकतर मुशायरों व कवि सम्मेलनों में शिरकत की थी, इन्हीं आयोजनों की वजह से उन्हें साहित्य लेखन का भी शौक पैदा हुआ। लेखक की विभिन्न विषयों पर अब तक 60 से अधिक पुस्तकें प्रकाशित हो चुकी हैं। लालकिले में होने वाले कवि सम्मेलन और मुशायरों से कविता-शायरी के प्रति प्रेम बढ़ा और वहीं से उन्होंने उन्हें कविता लिखना भी प्रारंभ कर दिया था। कविता, गीत, गजल, शायरी को समझने के लिए उर्दू के मशहूर शायरों के जीवन के बारे में जानने के लिए उर्दू भाषा सीखी।

जब लेखक साहिर लुधियानवी, कैफ़ी आज़मी, जान-ए-सार अख्तर, अली सदार जाफरी, मजाज, नरेश कुमार 'शाद' आदि शायरों से मिले तो उनका पाठकीय दृष्टिकोण बदलने लगा और उन्होंने गालिब, फैज़, जफ़र, दाग आदि रचनाकारों को भी पढ़ना शुरू किया। इन शायरों को पढ़ते हुए लेखक के मन में एक उत्साह पैदा हुआ कि इन शायरों की पुस्तकें संपादित की जाएं। यह पुस्तक भी इसी उत्साह का नतीजा है।

डायमंड बुक्स प्रस्तुत करता है उर्दू के मशहूर शायर और उनकी चुनिंदा शायरी। इस सीरीज़ में नये पुराने शायरों की प्रसिद्ध एवं चुनिंदा शायरी का संकलन प्रकाशित किया है। इस सीरीज की प्रमुख पुस्तकें इस प्रकार हैं :-

फ़ैज़	**ग़ालिब**	**निदा फाजली**
क़तील शिफ़ाई	**अख़्तर शीरानी**	**बशीर बद्र**
जोश मलिहाबादी	**ज़ौक़**	**बेकल उत्साही**
शक़ील बदायूंनी	**अकबर इलाहाबादी**	**परवीन शाकिर**
मीर	**नज़ीर अकबराबादी**	**कैफ़ी आज़मी**
मोमिन ख़ां 'मोमिन'	**फ़िराक़ गोरखपुरी**	**जॉ निसार अख़्तर**
साहिर लुधियानवी	**इफ़्तिख़ार आरिफ़**	**अली काज़मी**
मजाज़	**मजरुह सुल्तानपुरी**	**कुँअर बेचैन**
इक़बाल	**अहमद फराज**	**माणिक वर्मा**
ज़फ़र	**दर्द**	**अली सरदार जाफरी**
दाग़	**नरेश कुमार शाद**	**मिर्ज़ा रफ़ी 'सौदा'**
अदा जाफरी	**मुश्ताक अहमद**	**असग़र गोंडवी**
शाहिद मीर	**मंज़ूर हाशमी**	**चमन लाल चमन**
मुज़फ़्फ़र वारसी	**निश्तर ख़ानक़ाही**	**राम अवतार बैरवा**
वसीम बरेलवी	**हरिराज सिंह नूर**	**रामदरश मिश्र**
आलम खुर्शीद	**अमजद इस्लाम अमजद**	**महताब हैदर नक़वी**
शहरयार		

मनीष वर्मा

manish@dpb.in

(1)

"फैला है इतना हुस्न, कि इस कायनात में
इन्सां को बार-बार जनम लेना चाहिए"

पीहम[1] तलाश-ए-दोस्त मैं करता चला गया
कौनैन[2] की हदों[3] से गुज़रता चला गया

जितना मज़ाक़-ए-इश्क़ सँवरता चला गया
रंग-ए-तबीयत और निखरता चला गया

उस संग दिल, की दीदा-दिलेरी[4] तो देखिए
शिकवों[5] का ऐतराफ़[6] भी करता चला गया

दिल महव-ए-इज़तराब[7] नज़र साकित[8]-ओ-ख़मोश[9]
ये कौन सामने से गुज़रता चला गया

---

1. लगातार 2. प्रलोक 3. सीमाओं 4. पत्थर 5. हिम्मत, बहादुरी 6. शिकायतों 7. स्वीकार करना 8. बेचैनी में लगा हुआ 9. एक स्थान पर ठहरी हुई 10. चुप।

(2)

यह मोजज़ा[1] भी मोहब्बत कभी दिखाए मुझे
कि संग[2] तुझ पे गिरे और ज़ख्म आए मुझे

मैं अपने पावं तले रौंदता हूँ साये को
बदन मिरा ही सही, दोपहर न भाए मुझको

मैं घर से तेरी तमन्ना पहन के जब निकलूं
बरहना[3] शहर में कोई नज़र न आए मुझे!

वो मेरा दोस्त है सारे जहां को है मालूम
दग़ा करे वो किसी से तो शर्म आए मुझे!

मैं अपनी ज़ात में नीलाम हो रहा हूँ 'क़तील'
ग़मे-हयात से कह दो ख़रीद लाए मुझे!

---

1. चमत्कार 2. पत्थर 3. निवस्त्र

(3)

तुम पूछो और मैं न बताऊँ ऐसे तो हालात नहीं
एक ज़रा सा दिल टूटा है और तो कोई बात नहीं

किसको ख़बर थी सांवले बादल बिन बरसे उड़ जाते है
सावन आया लेकिन अपनी किस्मत में बरसात नहीं

माना जीवन में औरत इक बार मोहब्बत करती है
लेकिन मुझको यह तो बता दे क्या तू औरत ज़ात नहीं

ख़त्म हुआ मेरा अफ़साना अब यह आंसू पोंछ भी लो
जिसमें कोई तारा चमके आज की रात वोह रात नहीं

मेरे ग़मगीं होने पर एहबाब हैं यों हैरान 'क़तील'
जैसे मैं पत्थर हूँ मेरे सीने में जज़बात[1] नहीं।

---

1. भावनाएं

(4)

वो दिल ही क्या तिरे मिलने की जो दुआ न करे
मैं तुझ को भूल के ज़िन्दा रहूँ ख़ुदा न करे

रहेगा साथ तिरा प्यार ज़िन्दगी बन कर
यह और बात, मिरी ज़िन्दगी वफ़ा न करे

यह ठीक है नहीं मरता कोई जुदाई में
ख़ुदा किसी से किसी को मगर जुदा न करे

सुना है उसको मोहब्बत दुआएं देती है
जो दिल पे चोट तो खाए मगर गिला[1] न करे

ज़माना देख चुका है परख चुका है उसे!
'क़तील' ज़ान से जाए पर इल्तिजा[2] न करे

---

1. शिकायत 2. बिनती

(5)

फ़िज़ाओं[1] पे ख़ुशी छाई हुई थी
मौहब्बत जोश में आई हुई थी

नज़र पैगाम-ए-उलफ़त[2] दे रही थी
तमन्ना करवटें सी ले रही थी

तअय्युन[3] की खुली जाती थी राहें
परेशाँ थी सितारों की निगाहें

सुकूत-ए-शब[4] तिलिस्म-ए-रंग-ओ-बू[5] था
तरन्नुम[6] ही तरन्नुम चार सू[7] था

छिड़ा जाता था हर नायाब[8] नग़मा
हुआ जाता था ख़ुद बेताब नग़मा

बड़ी दिलकश सदाएँ[9] आ रही थीं
मुसलसल[10] रूह[11] को तड़पा रही थीं

---

1. वातावरण 2. मोहब्बत के संदेश 3. निर्धारण 4. रात की खामोशी 5. रंग और खुशबू का जादू 6. गान 7. चारों ओर 8. दुर्लभ 9. आवाजें 10. लगातार 11. आत्मा।

(6)

उन गेसुओं की छाँव में दम लेना चाहिए
तपती रुतों में लुत्फ़-ए-इरम[1] लेना चाहिए

फैला है इतना हुस्न, कि इस कायनात में
इन्सां को बार-बार जनम लेना चाहिए

मैं हूँ खुदा परस्त मगर कह रहा है दिल
इक बोसा-ए-जबीन-ए-सनम[2] लेना चाहिए

देते हैं फल बदी का जहां नफ़रतों के पेड़
नाम उस दयार[3] का हमें कम लेना चाहिए

चाहे वो कोई हो, मिरा फ़तवा[4] है यह "क़तील"
ज़ालिम से इन्तक़ाम-ए-सितम लेना चाहिए

---

1. जन्नत का मज़ा 2. सनम (महबूबा, बुत) के माथे का चुम्बन 3. शहर 4. निर्णय 5. अत्याचार का बदला

(7)

हम को अपनी पुरफ़िशानी[1] का सिला क्योंकर मिले
चाँद पर जाकर भी ऐ दुनिया हमें पत्थर मिले

सह्ने गुलशन का यह आलम था कि जब आंधी रुकी
हर तरफ़ बिखरे हुए कुछ तितलियों के पर मिले

रहबरों[2] के दम से अब राहों में इतनी भीड़ है
सोचते हैं अपने घर का रास्ता क्योंकर मिले

किसको अब सिजदों की हसरत किसको ज़ौक़-ए-बंदगी[3]
सर के दुश्मन थे सभी जितने भी संग-ए-दर[4] मिले

उनके हाथों में "क़तील" इक दिन छुरी देखोगे तुम
वो मुनाफ़िक़[5] जो गले लगकर तुम्हें अक्सर मिले

---

1. परिश्रम 2. रास्ता दिखाने वाले 3. उपासना का शौक 4. पत्थर के द्वार (महबूब की चौखट)
5. बुरे आदमी

(8)

अंधेरे छोड़कर मैं जा रहा था जब उजालों में
किसी ने मेरे माथे पर दिया बोसा खयालों में

यक़ीनन उनकी सोचों पर बुढ़ापा छा चुका होगा
उलझकर रह गए जो लोग माज़ी[1] के हवालों में

भड़कते थे कभी जिन में गुलाबी आग के शोले
बस अब तो राख बाक़ी रह गई है उन प्यालों में

हमेशा गुफ़्तगू[2] करके वो शर्मिंदा हुआ मुझ से
मिले उसको सदा मेरे जवाब अपने सवालों में

खुली आंखों "क़तील" उसको भला कब देख सकता हूँ
मुलाक़ात उससे अब होती है ख्वाबों में खयालों में

---

1. अतीत 2.बातचीत

(9)

कभी न खत्म हुईं गो शिकायतें अपनी
उसी उरूज[1] पे अब भी हैं चाहतें अपनी

वो दिन गए कि तुनक[2] तर मिज़ाज रखते थे
तुम्ही नहीं तो कहां की अदावतें[3] अपनी

हमें तो फ़िक्र है इक दिल की और मोहब्बत में
शहन्थहों ने लुटादीं हुकूमतें अपनी

वो इख्तिलाफ़ बढ़ा क़ुर्बतों[4] के मौसम में
पड़ोसियों ने बदल लीं सुकूनतें[5] अपनी

तुम अपने हिस्से की पीते तो जाम क्यों छिनता
"क़तील" सामने आती हैं नियतें अपनी

---

1. ऊँचाई, शिखर 2. चिड़चिड़ाहट 3. दुश्मनी 4. करीब, पास रहने का मौसम 5. आवास, रिहाइश

(10)

शाम के साँवले चेहरे को निखारा जाए
क्यों न साग़र[1] से कोई चाँद उभारा जाए

रास आया नहीं तरकीन का साहिल कोई
फिर मुझे प्यास के दरिया में उतारा जाए

अब मिरे शहर में आएगी सवारी किसकी
अब किस उम्मीद पे राहों को संवारा जाए

मेहरबां तेरी नज़र तेरी अदाएं क़ातिल
तुझ को किस नाम से ऐ दोस्त पुकारा जाए

मुझ को डर है तिरे वादे पे भरोसा करके
मुफ़्त में यह दिल-ए-खुश-फ़ह्म[2] न मारा जाए

---

1. जाम 2. झूठी आशाएं बांधने वाला

(11)

यूँ लगे दोस्त तिरा मुझसे खफ़ा हो जाना
जिस तरह फूल से खुश्बू का जुदा हो जाना

अह्ले दिल से ये तिरा तर्क-ए-तअल्लुक़[1] यानी
वक़्त से पहले असीरों[2] का रिहा हो जाना

यूँ अगर हो तो जहां में कोई काफ़िर न रहे
मोजज़ा[3] है तिरे वादे का वफ़ा हो जाना

जिंदगी मैं भी चलूंगा तिरे पीछे-पीछे
तू मिरे दोस्त का नक्श-ए-कफ़-ए-पा[4] हो जाना

जाने वो कौनसी कैफ़ियत-ए-वाम ख़्वारी[5] है
मेरे पीते ही "क़तील" उसको नशा हो जाना

---

1. सम्बन्ध-विच्छेद 2. कैदी 3. चमत्कार 4. पद-चिन्ह 5. सहानुभूति

(12)

तरस रहा हूँ मैं तो अपने प्यारों को
दुनिया घर कहती है कुछ दीवारों को

प्यारे लोगों से जो प्यार नहीं करते
कैसे मैं समझाऊँ उन बे चारों को

नर्म गुलाबी आँच सही रुख़सारों की
फूल समझ कर छू लो उन अंगारों को

घर वालो! जब घर में चोरी हो जाए
सबसे पहले पकड़ो पहरेदारों को

देखके उसको बड़े-बड़े फ़नकार "क़तील"
भूल गए अपने-अपने शहकारों[1] को

---

1. कला कृतियां

(13)

लोगों में एहतियात का पैकर[1] बना रहा
वो मेरा नाम सुनके भी पत्थर बना रहा

खोली ब्याज़-ए-उम्र[2] तो आँखों में देर तक
यादों की चाँद रात का मंज़र बना रहा

हालात बार-बार मिटते नहीं किसे?
मैं सारी उम्र[2] हर्फ़-ए-मुकर्रर[3] बना रहा

जब तक दरिंदगी की हवाएं चली न थीं
सुनसान जंगलों में मिरा घर बना रहा

कैसे न दूं "क़तील" दुआ उसके हुस्न को
मैं जिस पे शेर कह के सुख़नवर[4] बना रहा

---

1. सतर्कता की मूरत 2. जीवन पुस्तक 3. बार-बार दोहराया जाने वाला शब्द 4. शायर

(14)

लिख दूँ जो सरापा किसी बे पंख परी का
सब शहर में चर्चा हो मिरी नग़मा गरी[1] का

बुझती हुई हर सांस में जल जाती हैं शमऐं
आए मिरे होंटों पे ज्यों ही नाम किसी का

दोहराए चला जाता है पी-पी की सदाएं
पैग़ाम न लाया हो पपीहा मिरे पी का

बिखराती है जब घोर अंधेरे शब-ए-हिजराँ[2]
माथे पे सजा लेते हैं वो चाँद का टीका

रोके हैं "क़तील" अश्क तो दो शेर ही कहले
कुछ बोझ तो हल्का हो मिरी जां तिरे जी का

---

1. गीत कारी 2. जुदाई की रात

(15)

तूफ़ां कोई उठे न मिरे एहतिजाज[1] से
डरता हूँ तेरे शहर के रस्म-ओ-रिवाज से

कहते हैं एक शख्स ने करली है ख़ुदकुशी[2]
वो इन्तक़ाम[3] लेने चला था समाज से

लेना पड़ेगा इश्क में तर्क-ए-वफ़ा[4] से काम
परहेज़ इस मरज़ में है बेहतर इलाज से

जी चाहे उसकी राहगुज़र में खड़े रहें
इस आशिक़ी में हम तो गए काम-काज से

कोई नशे में सच को छिपाता नहीं "क़तील"
शामिल हूँ मैं भी हल्का-ए-रिन्दाँ[5] में आज से

---

1. प्रतिवाद 2. आत्महत्या 3. बदला 4. वफ़ा छोड़ना 5. शराब पीने वालों की सभा

(16)

जिंदगी की दलदल है और नातवां[1] इंसाँ
दाम-ए-ख़ाक[2] से बचकर जाएगा कहां इंसाँ

धूप बनके चमका है, बर्फ बनके पिघलेगा
सरतें बदलता है ज़ेर-ए आसमां इंसाँ

शाम तक तो शोला था, उसके बाद क्या कहिए
रात जब पड़ी शबनम बन गया धुआं इंसाँ

उसने लौह-ए-फ़र्दा[3] पर लिखना चाहा नाम अपना
बनके रह गया लेकिन याद ए-रफ़्तगाँ[4] इंसाँ

गो "क़तील" क़दमों से बेबसी भी लिपटी है
फिर भी राह-ए-हस्ती[5] में है रवां-दवां[5] इंसाँ

---

1. कमजोर 2. मिट्टी का जाल 3. कल का पट 4. बीते समय की याद 5. जीवनपथ 6. चलता फिरता, गतिशील

(17)

सदमा तो है मुझे भी कि तुझसे जुदा हूँ मैं
लेकिन ये सोचता हूँ कि अब तेरा क्या हूँ मैं

मैं ख़ुदकुशी के जुर्म का करता हूँ ऐतराफ़[1]
अपने बदन की क़ब्र में कब से गड़ा हूँ मैं

किस-किस का नाम लाऊँ ज़बां पर कि तेरे साथ
हर रोज़ एक शख्स नया देखता हूँ मैं

क्या जाने किस अदा से लिया तूने मेरा नाम
दुनिया समझ रही है कि सब कुछ तिरा हूँ मैं

जागा हुआ ज़मीर[2] वो आईना है "क़तील"
सोने से पहले रोज़ जिसे देखता हूँ मैं

---

1. स्वीकारोक्ति 2. अन्तरात्मा

(18)

मरहला[1] रात का जब आएगा
जिस्म साए को तरस जाएगा

एतबार उसका हमेशा करना
वो तो झूठी भी क़सम खाएगा

तू न होगी तो फिर ऐ शाम-ए-फ़िराक़
कौन आकर हमें बहलाएगा

हम उसे याद बहुत आएंगे
जब उस भी कोई ठुकराएगा

कायनात उसकी मिरी ज़ात में है
मुझ को खोकर वो किसे पाएगा

---

1. मुकाम, पड़ाव

(19)

मैं समंदर भी हूँ, मोती भी हूँ, ग़ोता-ज़न[1] भी
कोई भी नाम मिरा लेके बुलाले मुझको

तने देखा नहीं आईने से आगे कुछ भी
खुदपरस्ती[2] में कहीं तू न गंवा ले मुझको

कल की बात और है, मैं अब सा रहूँ या न रहूँ
जितना जी चाहे तिरा, आज सताले मुझको

ख़ुद को मैं बाँट न डालूं कहीं दामन-दामन
कर दिया तूने अगर मेरे हवाले मुझको

बादा[2] फिर बादा है मैं ज़हर भी पी जाऊं "क़तील"
शर्त ये है, कोई बाहों में संभाले मुझको

---

1. गोताखोर 2. स्वयं की पूजा 3. शराब

(20)

जो भी गुंचा[1] तिरे होंठों पे खिला करता है
वो मिरी तंगी-ए-दामां[2] का गिला करता है

देर से आज मिरा सर है तिरे ज़ानू पर
ये वो रुत्बा है जो शाहों को मिला करता है

मैं तो बैठा हूँ, दबाए हुए तूफ़ानों को
तू मिरे दिल के धड़कने का गिला करता है

रात यूँ चाँद को देखा है नदी में रक़्सां[3]
जैसे झूमर तिरे माथे पे हिला करता है

कौन काफ़िर तुझे इलज़ाम-ए-तग़ाफुल[4] देगा
जो भी करता है मोहब्बत का गिला करता है

---

1. कली 2. छोटा दामन 3. नाचते हुए 4. लापरवाही का आरोप

(21)

रास्ते याद नहीं राहनुमा[1] याद नहीं
अब मुझे कुछ तिरी गलियों के सिवा याद नहीं

एक वादा था जो शीशे की तरह टूट गया
हादसा[2] कब ये हुआ, कैसे हुआ, याद नहीं!

हम दिया करते थे अग़यार[3] को ताना जिनका
अब तो हमको भी वो आदाब-ए-वफ़ा याद नहीं

वज़ादारी[4] से है मजबूर मिरा प्यार "क़तील"
सब पुराने हैं कोई दावा नया याद नहीं

1. रास्ता दिखाने वाला 2. दुर्घटना 3. गैर, पराए 4. पासदारी

(22)

इक इक पत्थर जोड़ के मैंने जो दीवार बनाई है
झांकूं उसके पीछे तो रुस्वाई ही रुस्वाई है

यूँ लगता है सोते-जागते औरों का मोहताज हूँ मैं
आंखें मेरी अपनी हैं पर उनमें नींद पराई है

देख रहे हैं सब हैरत से नीले-नीले पानी को
पूछे कौन समन्दर से तुझ में कितनी गहराई है

आज हुआ मालूम मुझे इस शहर के चंद सियानों से
अपनी राह बदलते रहना सबसे बड़ी दानाई[1] है

तोड़ गए पैमान-ए-वफ़ा इस दौर में कैसे-कैसे लोग
यह मत सोच "क़तील" कि बस इक यार तिरा हरजाई है

---

1. चतुराई

(23)

वफ़ा के शीश महल में सजा लिया मैंने
वो एक दिल जिसे पत्थर बना लिया मैंने

ये सोचकर कि न हो ताक में खुशी कोई
ग़मों की ओट में ख़ुद को छिपा लिया मैंने

कभी न खत्म किया मैंने रौशनी का मुहाज़[1]
अगर चिराग़ बुझा, दिल जला लिया मैंने

कमाल यह है कि दुश्मन पे जो चलाना था
वो तीर अपने कलेजे पे खा लिया मैंने

"क़तील" जिसका अदावत[2] में एक प्यार भी था
उस आदमी को गले से लगा लिया मैंने

---

1. मोर्चा 2. दुश्मनी

(24)

यार क्यों गुरेज़ां[1] है, सीधी राह चलने से
मंज़िलें नहीं मिलती रास्ते बदलने से

जो भी रंग है तेरा बस वही ग़नीमत है
चेहरे कब निखरते हैं, मुँह पे ख़ाक मलने से

तेज़ धूप में आई ऐसी लहर सर्दी की
मोम का हर इक पुतला, बच गया पिघलने से

आप अपने जुर्मों का बन गए सबूत आखिर
हाथ जो मोअत्तिर[2] थे, फूल को मसलने से

सो के तू गँवा बैठा, रत जगों की रानाई[3]
अब "क़तील" क्या हासिल तेरे हाथ मलने से

---

1. हिचकिचाहट 2. सुगंधित 3. सुंदरता

(25)

बज़ाहिर[1] बज़्म-आराई[2] बहुत है
भरे शहरों में तन्हाई बहुत है

निहायत खूबसूरत है ये दुनिया
मगर हंगामा आराई बहुत है

पुराने जोहड़ों का है ये आलम
कि पानी कम है और काई बहुत है

मोहब्बत की कहानी मुन्फ़रिद[3] थी
मगर दुनिया ने दोहराई बहुत है

"क़तील" अब कुछ दिनों से क़ातिलों में
हमारी भी पज़ीराई[4] बहुत है

---

1. प्रकट में 2. रौनक़ महफिल सजाना 3. सबसे अलग 4. पहुँच

(26)

जब भी दरिया बारिशों के पानियों से भर गए
तैरने हम भी बदन से बांध कर पत्थर गए

तक रही थी रारता सिर्फ़ इक घड़ी दीवार की
देर से हम लौट कर जिस रात अपने घर गए

दिल की सरकोबी[1] को निकले आरज़ुओं के हुजूम
एक दुश्मन के तआक़्क़ुब[2] में कई लश्कर[3] गए

मुजरिमों की पर्दा पोशी[4] से बड़ा क्या जुर्म है
वो भी कम ज़ालिम न थे जो ज़ालिमों से डर गए

उफ़ जवानी के वो आवारा से कुछ लम्हे "क़तील"
आप भी रुस्वा हुए हम को भी रुस्वा कर गए

---

1. कुचलना 2. पीछा 3. सेना 4. छिपाना

(27)

मेहरबानी से अगर पेश भी आए कुछ लोग
धूप में लिपटे हुए दे गए साए कुछ लोग

मैंने आवाज़ उठाई थी रिवाजों के खिलाफ़
बर्छियां लेकर घरों से निकल आए कुछ लोग

जब वो बच निकले तो पानी में मुझे फेंक दिया
कूद कर मैंने जो दरिया में बचाए कुछ लोग

काम के लोग वतन में भी नहीं थे कमयाब[1]
फिर भी कुछ लोगों ने बाहर से मंगाए कुछ लोग

बारहा मैंने जवानी के दोराहे पे "क़तील"
पीके अपना ही लहू[2] झूमते पाए कुछ लोग

---

1. कम संख्या में 2. रक्त

(28)

हर शय[1] से बेगाना अच्छा
लोगों! मैं दीवाना अच्छा

हम सब पर जो बीत चुकी है
उसका भूल ही जाना अच्छा

नारों के इस शोर में भाई
शहरों से वीराना अच्छा

जिस माहौल में हम ज़िंदा हैं
इस से तो मर जाना अच्छा

यार "क़तील" नए लोगों से
एक ही यार पुराना अच्छा

---

1. वस्तु

(29)

वो सबके दिल में बसे बनके एतबार-ए-वफ़ा
ये एक खास अदा बे मिसाल है उसकी

नज़र किसी की तरफ़ और दिल किसी के साथ
अजब रियासत-ए-हुस्न-ओ-जमाल[1] है उसकी

उसकी हसीन रातों का जो ले सके हिसाब
कहती है वो अभी कोई पैदा नहीं हुआ

या उसने दिल किसी को दिया ही नहीं अभी
या उसपे आज तक कोई शैदा[2] नहीं हुआ

---

1. हसीनों की राजनीति 2. आशिक

(30)

हासिल रहा जो तर्क-ए-सकूनत[1] से पेश्तर
सब ने वो इम्तियाज़[2] भी अपना गँवा दिया

लालच में हिरनियां किसी दरिया में जा बसीं
और मछलियों ने दश्त[3] में मस्कन[4] बना लिया

उससे बिछड़े हुए गो एक ज़माना बीता
लेकिन इस बात से तक्लीफ़ मुझे होती है

कर गई जिस के लिए तर्क-ए-तअल्लुक़[5] मुझ से
पालिया उसको तो अब मेरे लिए रोती है

1. प्रवास छोड़ने से पहले 2. विशेषता 3. जंगल 4. आवास 5. सम्बंध विच्छेद

(31)

खैर अगर चाहते हो सरों की
राह लो अपने अपने घरों की

नफ़रतें बोने वालों को मुज़्दा[1]
फ़सल तैयार है ख़ंजरों की

नेक बंदों के हाथ आ गए हैं
क़िस्मतें जाग उठीं पत्थरों की

अह्ल-ए-ईमां हैं दस्त-ओ-गिरेबाँ[3]
अब ज़रूरत नहीं काफ़िरों की

उसने खोई "क़तील" अपनी मंज़िल
पैरवी[4] जिसने की रहबरों[5] की

---

1. शुभ समाचार 2. भले इंसान 3. आपस में लड़ना 4. अनुसरण 5. रास्ता दिखाने वाले

(32)

रची है रतजगों की चाँदनी जिनकी जबीनों[1] में
"क़तील" इक उम्र गुज़री है हमारी उन हसीनों में

वो जिनके आँचलों से ज़िंदगी तख़लीक़[2] होती है
धड़कता है हमारा दिल अभी तक उनके सीनों में

ज़माना पारसाई[3] की हदों तक हमको ले आया
मगर हम आज तक रुस्वा हैं अपने हम नशीनों में

तलाश उनको हमारी तो नहीं पूछो ज़रा उनसे
वो क़ातिल जो लिए फिरते हैं ख़ंजर आस्तीनों में

सकूनत[4] बार जब बन जाए बुनियाद-ए-रिफ़ाक़त[5] पर
मकां तक़्सीम हो जाते हैं ख़ुद अपने मकीनों[6] में

---

1. माथा 2. पैदा 3. भलाई 4. रहना 5. मेल-जोल की बिना 6. रहने वाले

(33)

दिल वालों की बात चली है अफ़साना दर अफ़साना
मेरे साथ के जागने वालो, तुम न कहीं अब सो जाना

प्यार तो करती है सब दुनिया बात फ़क़त ईसार[1] की है
महफ़िल को इस से क्या मतलब, शम्मा जले या परवाना

मेरी खुशियां भी अन देखी, मेरे ग़म भी अन देखे
जंगल के फूलों का यारो क्या खिलना क्या मुर्झाना

फूलों की मानिंद खिले थे माज़ी में दो प्यार मिरे
आज तलक मंसूब[2] है मुझसे इक बानो इक सुल्ताना

क्यों ग़ैरों से पूछ रहे हो पता "क़तील" शिफ़ाई का
ऐसा भी गुमनाम नहीं है वो शायर वो दीवाना

---

1. त्याग 2. जुड़ी हुई

(34)

बे वफ़ाओं में तो नाम उसका कहीं आता नहीं
फेर लेगा हम से वो आंखें, यक़ीं आता नहीं

ऐ हवाओं! जाओ अब तुम ही मना लाओ उसे
मेरे कहने से तो वो नाज़ आफ़रीं[1] आता नहीं

प्यार उससे कीजिए सदियों की उमरें मांग कर
बार-बार ऐसा ज़मानो में हसीं आता नहीं

ऐ सकूँ रूठा है क्यों मेरे ही दिल के शह्र से
हर कहीं जाता है ज़ालिम तू यहीं आता नहीं

तोह्मतें[2] सारी उसी के दम से थीं हम पर "क़तील"
अब हमारे पास कोई नुक्ताची[3] आता नहीं

---

1. नाज़ो-अंदाज वाला, नख़रे बाज़ 2. आरोप 3. टोकने वाला

(35)

मेरी आंखों में कभी प्यार से झांका भी नहीं
वो जफ़ाकार[1] कि झूठा जो ज़ुबां का भी नहीं

जाने क्या सोच के दिल देती है दुनिया उसको
देखने में तो वो ऐसा कोई बांका भी नहीं

दिल दुखाने को न जाने वो किधर से आया?
रहने वाला वो मोहब्बत के जहां का भी नहीं

मैंने देखा नहीं अब तक किसी मौसम को सबात[2]
ग़म बहारों का नहीं है तो ख़िज़ाँ[3] का भी नहीं

क्यों भरे आह कोई देख के टूटे दिल को
मक़बरा यह तो किसी नूर जहां का भी नहीं

---

1. जफ़ा करने वाला 2. ठहराव 3. पतझड़

(36)

खनखनाते हैं ये तो जाम बहुत
सर्द[1] है मयकदे की शाम बहुत

जा छुपे अपने-अपने कतबों[2] में
थी यहां जिनकी धूम-धाम बहुत

इक मुसव्विर[3] को नींद आने से
रह गए नक़्श[4] ना-तमाम[5] बहुत

ज़िंदगी अब तो रोक हाथ अपना
ले चुकी हम से इंतक़ाम[6] बहुत

कितना अफ़सोस हो रहा है "क़तील"
उम्र थोड़ी है और काम बहुत

---

1. ठण्डे 2. कबर के ऊपर लगाने वाला पत्थर जिस पर मरने वाले के विषय में अंकित होता है 3. चित्रकार 4. चित्र 5. अपूर्ण 6. बदला

(37)

हुक्मराँ[1] मुझको बहारों का बनाया जाए
ताज कांटों का मिरे सर पे सजाया जाए

हर कोई अब तो गुनहगार बना बैठा है
पारसाई[2] का हुनर मुझ को सिखाया जाए

मौत बरहक़[3] है मगर मेरी गुज़ारिश ये है
जिंदा इंसाँ का जनाज़ा न उठाया जाए

मैं बताऊँगा उसे ज़ख्म की लज़्ज़त[4] क्या है
फूल का मुझ से तआरुफ़[5] तो कराया जाए

बढ़ गई उम्र मिरी निरफ़ सदी[6] से भी "क़तील"
जश्न अब मेरे ग़मों का भी मनाया जाए

---

1. शासक 2. नेक चलनी 3. सुनिश्चित 4. स्वाद 5. परिचय 6. आधी शताब्दी

(38)

जब तक वो झूमता हुआ बादल न आएगा
यारो किसी शजर[1] पे कभी फल न आएगा

जब तक न उसके पाँव की ज़ंजीर काट दें
महफ़िल में बांध कर कोई पायल न आएगा

अब आंधियां चलेंगी हवाओं के नाम पर
अब रास दिल वरों को भी आँचल न आएगा

बहला गया वो अपनी अदाओं से आज भी
वादा तो कर गया है, मगर कल न आएगा

सदियां तिरी समेट के जो ले गया "क़तील"
अब तेरे पास लौट के वो पल न आएगा

---

1. वृक्ष

(39)

हालात के क़दमों पे क़लंदर[1] नहीं गिरता
टूटे भी जो तारा तो ज़मीं पर नहीं गिरता

गिरते हैं समन्दर में बड़े शौक़ से दरिया
लेकिन किसी दरिया में समन्दर नहीं गिरता

समझो वहां फलदार शजर[2] कोई नहीं है
वो सह्न कि जिस में कोई पत्थर नहीं गिरता

इतना तो हुआ फ़ायदा बारिश की कमी से
इस शहर में अब कोई फिसल कर नहीं गिरता

हैराँ है कई रोज़ से ठहरा हुआ पानी
तालाब में अब क्यों कोई कंकर नहीं गिरता

---

1. मस्त, सन्त 2. वृक्ष

(40)

हुई न राह में हाइल[1] शकिस्ता-पाई[2] मिरी
"क़तील" अब भी है इक शख़्स तक रसाई[3] मिरी

उछालते हैं मिरे ज़िक्र से वो नाम अपना
पसंद है मिरे यारों को हर बुराई मिरी

अब और लोगों में जाए वो ग़म ग़लत करने
सुना है उसको गवारा नहीं जुदाई मिरी

बस एक बार शिकन पड़ गई थी माथे पर
मनाने मुझ को जवानी कभी न आई मिरी

"क़तील" शुक्र करूँ, जब भी मुझ पे तीर चले
ब-फ़ैज़-ए-इश्क़ तबीयत है करबलाई[5] मिरी

---

1. रुकावट 2. टूटी हुई चाल 3. पहुँच 4. इश्क की बदौलत, इश्क के चमत्कार से 5. करबला वालों की तरह जवां मर्दी से तीरों को अपने सीने पर झेलने वाला स्वभाव

(41)

दूर तक छाए थे बादल और कहीं साया न था
इस तरह बरसात का मौसम कभी आया न था

क्या मिला आखिर तुझे सायों के पीछे भागकर
ऐ दिल-ए-नादां, तुझे क्या हमने समझाया न था

उफ़ ये सन्नाटा कि आहट तक न हो जिसमें मुखिल[1]
ज़िंदगी में इस क़दर हमने सकूँ पाया न था

खूब रोए छुप के घर की चार दीवारी में हम
हाल-ए-दिल कहने के क़ाबिल कोई हमसाया[2] न था

सिर्फ़ खुश्बू की कमी थी मौसम-ए गुल में "क़तील"
वर्ना गुलशन में कोई भी फूल मुर्झाया न था

---

1. हस्तक्षेप करना 2. पड़ोसी

(42)

वो शख़्स कि मैं जिससे मोहब्बत नहीं करता
हंसता है मुझे देख के नफ़रत नहीं करता

पकड़ा ही गया हूँ तो मुझे दार[1] पे खींचो
सच्चा हूँ मगर अपनी वकालत नहीं करता

घर वालों को ग़फ़लत पे सभी कोस रहे हैं
चोरों को मगर कोई मलामत नहीं करता

देते हैं उजाले मिरे सिजदों की गवाही
मैं छुप के अंधेरों में इबादत नहीं करता

दुनिया में "क़तील" उस सा मुनाफ़िक[2] नहीं कोई
जो ज़ुल्म तो सहता है बग़ावत नहीं करता

---

1. फांसी 2. औरों का बुरा चाहने वाला

(43)

जब उसके पास मिरा नामाबर[1] गया होगा
तमाम बज़्म[2] का चेहरा उतर गया होगा

यक़ीं था शैख़ को जन्नत में जाम खनकेंगे
इसी खुशी में वो प्यासा ही मर गया होगा

तड़प रहे हैं ये क्यों मुझ समेत दिल वाले
किसी का तीर-ए-नज़र काम कर गया होगा

तुम्हारे दर से पलट आया जो दबे पाँव
वो शख़्स वादा-ए-फ़र्दा[3] से डर गया होगा

सुना है लुट गए रस्ते में क़ाफ़िले वाले
ज़रूर साथ कोई राहबर गया होगा

---

1. पत्र वाहक 2. महफिल 3. कल का वादा

(44)

सोचा था अपने आप से शायद सबक़ मिले
कोरे किताब-ए-उम्र के सारे वरक़ मिले

हम पर कोई निसाब[1] न था आज तक गिराँ
अब के मगर बहुत से मज़ामीं[2] अदक़[3] मिले

बे-सिम्त[4] मंज़िलों को रवां था वो राहबर
चेहरे तमाम क़ाफ़िले वालों के फ़क़ मिले

बैन-उस-सतूर जिनकी तबाही का ज़िक्र है
या रब उन्हें भी हर्फ़ शनासी का हक़ मिले

उस शख़्स की तलाश है अब तक मुझे "क़तील"
ईमान की ज़रा सी भी जिसमें रमक़[5] मिले

---

1. सिलेबसा 2. विषय 3. कठिन 4. दिशा हीन 5. दो लाइनों 4. के बीच का अन्तर 6. चमक

(45)

तिरे गले में अगर मोतियों की माला है
यह सोच किसने मकान अपना बेच डाला है

हमेशा झूठ हम आपस में बोलते आए
न मेरे दिल में न तेरी ज़ुबाँ पे छाला है

जो सबने देख लिया मैं भी उसको देख सकूँ
कोई बताए वो किस रंग का उजाला है

किताब-ए-उम्र[1] न छपवा सका मैं आज तलक
कि हर वरक़ पे तिरे नाम का हवाला है

नहीं ज़रूर कि हो प्यार एक बार "क़तील"
ये मीठा रोग कई बार हमने पाला है

---

1. जीवन की पुस्तक

(46)

शब-ए-विसाल[1] कुछ ऐसा निखर रहा था कोई
ख़ुद अपने हुस्न को हैरान कर रहा था कोई

वो मुझसे दूर था, मैं फिर भी लड़खड़ा सा गया
ख़ुमार[2] बनके बदन में उतर रहा था कोई

वो जल्द कैसे पहुँचता लबों[3] के साहिल पर
समन्दरों की तहों से उभर रहा था कोई

ज़रूर नस्ब वहां कोई आईना होगा
नज़र झुकाए जहां से गुज़र रहा था कोई

"क़तील" मुझको बुरा उसने कह दिया भी तो क्या?
यही बहुत है मुझे याद कर रहा था कोई

---

1. मिलन की रात 2. नशा 3. होठों 4. लगाना

(47)

जो तेरे प्यार का सौदा[1] सरों में रखते हैं
वो अपना काँच सा दिल पत्थरों में रखते हैं

सदा उड़ान की दौलत मिला नहीं करती
संभाल कर इसे पंछी परों में रखते हैं

किसी ग़रीब का घर जिन से जगमगा उठता
जला के हम वो दिए मक़बरों में रखते हैं

हुआ है जिनसे हमेशा ज़ियान-ए-बीनाई[2]
हम अपनी आंख उन्हीं मंज़रों[3] में रखते हैं

"क़तील" जितने भी हैं मसलिहत के सौदागर
वो ज़िंदगी को छुपा कर घरों में रखते हैं

---

1. जुनून, अन्तिम सीमा को छूती हुई चाहत 2. नज़र का नुक़सान 3. दृश्य

(48)

धूप है, रंग है या सदा है
रात की बंद मुट्ठी में क्या है

पूछता है वो अपने बदन से
चाँद खिड़की से क्यों झांकता है

दिन चढ़े धूप में सोने वाला
हो न हो रात भर जागता है

इस क़दर खुश हूँ मैं उससे मिलकर
आज रोने को जी चाहता है

गुन गुनाया "क़तील" उसको मैंने
उसमें अब भी ग़ज़ल का मज़ा है

(49)

जिएगा कौन तमन्ना का बाब[1] खुलने तक
हरूफ़[2] ही न रहेंगे किताब खुलने तक

मिलेगा फिर न उसे कोई चाहने वाला
ये सब हुजूम है बंद नक़ाब खुलने तक

उमड़ पड़ेगा शुआओं[3] को सैल-ए-बेपायां[4]
वुजूद-ए-शब[5] है दर-ए-आफ़ताब[6] खुलने तक

ये कारोबार इजाज़त बग़ैर चलता है
लहू[7] बिकेगा, दुकान-ए-शराब खुलने तक

"क़तील" उम्र की नक़दी संभाल कर रखना
किसी के नाम से अपना हिसाब खुलने तक

---

1. द्वार 2. शब्द 3. किरणों 4. असीम तूफ़ान 5. रात का अस्तित्व 6. सूरज का द्वार 7. ख़ून

(50)

आ ग़म-ए-जानाँ[1] बहुत दिल गीर[2] हूँ मैं
इक अधूरे ख्वाब की ताबीर हूँ मैं

कल तलक पूरे थे खद-ओ-खाल[3] मेरे
आज बे चेहरा सी इक तस्वीर हूँ मैं

अब तो हक़ मौजों को है मुझको मिटा दें
रेत पर लिखी हुई तहरीर हूँ मैं

हाथ मेरा थाम ले ए काश कोई
रास्ता भूला हुआ रहगीर[4] हूँ मैं

किस तरह उट्ठूं "क़तील" उस दर से आख़िर
आप अपने पांव की ज़ंजीर हूँ मैं

---

1. महबूबा का ग़म 2. दुःखी मन 3. अंग 4. मुसाफिर

(51)

बहुत दिनों से नहीं अपने दरमियाँ वो शख़्स
उदास करके हमें चल दिया कहाँ वो शख़्स

वो जिसके नक़्श-ए-क़दम[1] से चिराग जलते थे
जले चिराग़ तो ख़ुद बन गया धुआँ वो शख़्स

क़रीब था तो कहा हमने संगदिल भी उसे
हुआ जो दूर तो लगता है जान-ए-जाँ वो शख़्स

उस एक शख़्स में थी दिल रुबाइयाँ क्या-क्या
हज़ार लोग मिलेंगे मगर कहाँ वो शख़्स

"क़तील" कैसे भुलाएँ हम अह्ल-ए-दर्द उसे
दिलों में छोड़ गया अपनी दास्तां वो शख़्स

1. पद-चिन्ह

(52)

उन गैसुओं की छाँव में दम लेना चाहिए
तपती रुतों में लुत्फ़े[1] इरम लेना चाहिए

फेला है इतना हुस्न, कि इस कायनात में
इन्सां को बार-बार जनम लेना चाहिए

मैं हूँ ख़ुदा परस्त मगर कह रहा है दिल
इक बोसए-जबीने-सनम[2] लेना चाहिए

देते ही फल बदी का जहां नफरतों के पेड़
नाम उस दयार[3] का हमें कम लेना चाहिए

चाहे वो कोई हो, मिरा फ़तवा[4] है यह क़तील
जालिम से इन्तकामे-सितम[5] लेना चाहिए

---

1. जन्नत का मजा 2. सनम (महबूबा, बुत) के माथे का चुम्बन 3. शहर 4. निर्णय 5. अत्याचार का बदला

(53)

हम को अपनी पुरफ़िशानी[1] का सिला क्योंकर मिले
चाँद पर जाकर भी ऐ दुनिया हमें पत्थर मिले

सहने गुलशन का यह आलम था कि जब आंधी रुकी
हर तरफ़ बिखरे हुए कुछ तितलियों के पर मिले

रहबरों[2] के दम से अब राहों में इतनी भीड़ है
सोचते ही अपने घर का रास्ता क्यों कर मिले

किसको अब सिजदों की हसरत किसको जौक़े-बन्दगी[3]
सर के दुश्मन थे सभी जितने भी संगेदर[4] मिले

उनके हाथों में 'क़तील' इक दिन छुरी देखोगे तुम
वो मुनाफ़िक़[5] जो गले लगकर तुम्हें अकसर मिले

---

1. परिश्रम 2. रास्ता दिखाने वाले 3. उपासना का शौक 4. पत्थर के द्वार (महबूब की चौखट)
5. बुरे आदमी

(54)

कभी न ख़त्म हुई गो शिकायतें अपनी
उसी उरुज[1] पे अब भी हीं चाहतें अपनी

वो दिन गए कि तुनक[2] तर मिज़ाज रखते थे
तुमही नहीं तो कहां की अदावतें[3] अपनी

हमें तो फिक्र है इक दिल की और मोहब्बत में
शहन्शहों ने लुटादी हुकूमतें अपनी

वो इख़्तिलाफ़ बढ़ा कुर्बतों[4] के मौसम में
पड़ोसियों ने बदल लीं सुकूनतें[5] अपनी

तुम अपने हिस्से की पीते तो जाम क्यों छिनता
'क़तील' सामने आती ही नीयतें अपनी

---

1. ऊँचाई, शिखर 2. चिड़चिड़ाहट 3. दुश्मनी 4. क़रीब, पास रहने का मौसम 5. आवास, रिहाइश।

(55)

ज़िन्दगी की दल दल है और नातवां[1] इन्साँ
दामे-खाक़[2] से बचकर जाएगा कहां इन्साँ

धूप बनके चमका है, बर्फ़ बनके पिघलेगा
सूरतें बदलता है ज़ेरे-आस्मां इन्सां

शाम तक तो शोला था, उसके बाद क्या कहिए
रात जब पड़ी शबनम, बन गया धुआं इन्सां

उसने लौहे-फ़र्दा[3] पर, लिखना चाहा नाम अपना
बनके रह गया लेकिन, यादे-रफ़्तगाँ[4] इन्सां

गो 'क़तील' क़दमों से बेबीस भी लिपटी है
फिर भी राहे-हस्ती[5] में है रवां-दवां[6] इन्सां

---

1. कमज़ोर 2. मिट्टी का जाल 3. कल का पट 4. बीते समय की याद 5. जीवनपथ 6. चलता-फिरता, गतिशील

(56)

वारफ़तगी[1] में जिन्स[2]-ए-मौहब्बत ख़रीद ली
लुत्फ़-ओ-सुकूँ मिटा के कयामत ख़रीद ली

वाईज़[3] न पूछ हासिल-ए-तरग़ीब-ए-मयकशी[4]
एक जान के एवज़[5] तेरी जन्नत ख़रीद ली

दिल को निगाह-ए-नाज़ ने अपना बना लिया
कुछ शोख़ियों ने मिल के मतानत[6] ख़रीद ली

यूँ कर रहे हैं शरह-ए-मोहब्बत[7] पे तबसरा
जैसे हमीं ने जिन्स-ए-मौहब्बत ख़रीद ली

चार आँखों में वो कशिश-ओ-जज़्ब[8] है कहाँ
लेकिन गुनाहगार ने रहमत[9] ख़रीद ली

---

1. बेख़बरी 2. वस्तु 3. धर्म प्रचारक 4. शराब पीने की आदत से प्राप्त 5. बदले में 6. संजीदगी 7. मौहब्बत की किताब 8. अपनी ओर खींचना 9. दया।

(57)

क्या इश्क़ था जो बाइसे-रुस्वाई[1] बन गया
यारो तमाम शहर तमाशाई बन गया

बिन मांगे मिल गए मिरी आंखों को रत जगे
मैं जब से एक चाँद का शैदाई[2] बन गया

देखा जो उसका दस्ते-हिनाई[3] क़रीब से
एहसास गूंजती हुई शहनाई बन गया

करता रहा जो रोज़ मुझे उससे बदगुमां
वो शख़्स भी अब उसका तमन्नाई बन गया

वो तेरी भी तो पहली मोहब्बत न थी 'क़तील'
फिर क्या हुआ अगर कोई हरजाई बन गया

---

1. बदनामी का कारण 2. आशिक़ 3. मेंहदी रचे हाथ

(58)

राज़-ए-उल्फ़त[1] अयाँ[2] है क्या कहिये
हर नज़र ख़ुद ज़बाँ है क्या कहिये

मौत क्या ज़िन्दगी की इक करवट
ज़िन्दगी जाविदाँ[3] है क्या कहिये

एक दिल और हज़ार तनक़ीदें[4]
अपनी अपनी ज़बाँ है क्या कहिये

चल पड़े जिस तरफ़ क़दम उठे
अपनी मंज़िल कहाँ है क्या कहिये

इश्क नाकामयाब हो न सका
सई-ए-रायगाँ[5] है क्या कहिये

इक नज़र का तेरी जवाब नहीं
दिल बहुत नातवाँ[6] है क्या कहिये

---

1. मोहब्बत का राज़ 2. जाहिर 3. सदैव 4. आलोचना 5. बेकार की कोशिश 6. कमजोर।

(59)

तुझे भी डर है किसी का तो दूर से पढ़ ले
लिखी हुई है दिलों की पुकार चेहरों पर

लगी है आग यह कैसी वफ़ा के जंगल में
जला के रख दिए किसने चनार चेहरों पर

वफ़ा की खोज में निकलो तो पांव जलते हैं
अभी तो सिर्फ़ जमा है गुबार[1] चेहरों पर

मैं तेरी बज़्म[2] में किस-किस की दुश्मनी लेता
लिखा था नाम तिरा बेशुमार[3] चेहरों पर

मिरी नज़र तो है फिर भी मिरी नज़र यारो
अब आईनों को नहीं एतबार चेहरों पर

---

1. धूल 2. महफिल 3. अनगिनत

(60)

रंग-ए-सनमकदा[1] जो ज़रा याद आ गया
टूटीं वो बिजलियाँ कि ख़ुदा याद आ गया

हर चन्द दिल को तर्क-ए-मौहब्बत[2] का था ख़्याल
लेकिन किसी का एहद-ए-वफ़ा[3] याद आ गया

जैसे किसी ने छीन ली रंगीनी-ए-बहार[4]
क्या जानिए बहार में क्या याद आ गया

रहमत[5] नज़र बचा के निकलने को थी मगर
वो इरतेआश[6]-ए-दस्त-ए-दुआ याद आ गया

अल्लाह रे सितम कि उन्हें मुझको देखकर
सब कुछ मौहब्बतों के सिवा[7] याद आ गया

---

1. महबूब का घर 2. मौहब्बत समाप्त करना 3. मौहब्बत का वचन 4. बहार की रौनक 5. ख़ुदा की दया 6. कम्पन 7. सिवाए।

(61)

तमाम तर उसी ख़ाना ख़राब जैसा है
मिरे लहू[1] का नशा भी शराब जैसा है

नहा रहा हूँ मैं उसके बदन की किरनों में
वो आदमी है मगर माहताब[2] जैसा है

करूँ तलाश जवाहर[3] तो रेत हाथ आए
समन्दरों का चलन भी सराब[4] जैसा है

जला गया मुझे अपने बदन की ठण्डक से
वो जिसका रंग दहकते गुलाब जैसा है

'क़तील' कामो-दहन[5] अपना साथ दें कि न दें
वफ़ा का ज़ायक़ा[6] लेकिन शबाब जैसा है

---

1. खून, रक्त 2. चाँद 3. मोती 4. पानी का धोखा 5. ज़बान और मुँह 6. स्वाद

(62)

नहीं धड़का मुझे रुस्वाइयों का
सफ़र दर पेश है तन्हाइयों का

छुपा बैठा हूँ अपनी ख़ामशी में
गया मौसम वो बज़्म आराइयों[1] का

यहीं बस जाऊं दिल तो चाहता है
मगर यह शहर है हर्जाइयों का

ज़रा देखो मिरे दिल में उतर कर
समन्दर नाम है गहराइयों का

क़तील आखों में है तस्वीरे-यूसुफ़[2]
करम मुझ पर भी है कुछ भाइयों का

---

1. महफ़िल सजाना 2. प्रसिद्ध अवतार जो सौन्दर्य में अपनी मिसाल आप थे और इसी कारण उनके शेष भाइयों ने उनसे जलकर उन्हें कुएं में फैक दिया था

(63)

कोई म़क़ामे-सुकू रास्ते में आया नहीं
हज़ार पेड़ हैं लेकिन कहीं भी साया नहीं

भटक रहे हैं अभी तक मुसाफ़िराने-विसाल[1]
तिरे जमाल ने कोई दिया जलाया नहीं

बिखर गया है ख़ला[2] में किरन-किरन होकर
वो चांद जो किसी पहलू में जगमगाया नहीं

उजड़ गया था किसी ज़ल-ज़ले में शहरे-वफ़ा
न जाने फिर उसे हमने भी क्यों बसाया नहीं

'क़तील' कैसे कटेगी यह दोपहर ग़म की!
मिरे नसीब में उन गेसुओं का साया नहीं

---

1. मिलन वाले यात्री 2. अनन्त

(64)

जफ़ाओं[1] पर मलाल[2] आता तो होगा
उन्हें मेरा ख़याल आता तो होगा

छलकते होंगे जब आँखों में आँसू
वो दौर-ए-इंफ़िआल[3] आता तो होगा

सर-ए-बज़्म-ए-तसव्वुर[4] शिकवा[5] बरलब[6]
कोई आशुफ़ता हाल[7] आता तो होगा

शब-ए-फुक़्त[8] की तन्हाई में अक्सर
मुसर्रत[9] पर ज़वाल[10] आता तो होगा

वो पा लेते तो होंगे दिल पे काबू
उन्हें ये भी कमाल आता तो होगा।

---

1. अत्याचार 2. रंज, अफसोस 3. शर्मिन्दगी का समय 4. कल्पित महफ़िल में 5. शिकायत 6. होंठों पर 7. परेशान, दुःखी 8. जुदाई की रात 9. खुशी, प्रसन्नता 10. पतन।

(65)

ज़िन्दगी मदहोश[1] होकर रह गई
उन से हम आग़ोश[2] होकर रह गई

मैं ने जब देखा तो वो बर्क़-ए-जमाल[3]
दफ़अतन[4] रूपोश[5] होकर रह गई

इश्क़ परवानों को था वो जल गए
शम्मा क्या ख़ामोश होकर रह गई

लीजिए चिल्लाए दामन की हवा
आरज़ू[6] बेहोश होकर रह गई

खुल तो जाएगी ज़बाँ[7] उनके हुज़ूर
और अगर ख़ामोश होकर रह गई

---

1. बेहोश, भौंचक्का, 2. गले मिलना 3. खूबसूरती की चकाचौंध 4. एक क्षण में 5. छुपना 6. इच्छा 7. बोली।

(66)

तग़ाफ़ुल[1] भी, बेमेहरियाँ[2] भी, जफ़ा भी
ये सब कुछ सर आँखों पे लेकिन ख़ता भी

बहुत कुछ किया जब़्त[3] अश्कों[4] पे लेकिन
उन आँखों पे बार-ए-निदामत[5] उठा भी

मैं इस जज्ब-ए-मोहकुम के क़ुरबान जाऊँ
तुझी से मौहब्बत है तेरे सिवा[6] भी

बक़ैद[7]-ए-जुनूं-ओ-ख़िरद[8] है वो जलवा
हुज़ूर-ए-नज़र भी, नज़र से जुदा भी

नज़र बाज़ कर लें ख़ुदी[9] को मुकम्मल[10]
ख़ुदी के हिजाबात[11] में है ख़ुदा भी

---

1. उपेक्षा 2. रूखापन 3. बर्दाश्त 4. आँसू 5. शर्मिन्दगी का बोझ 6. अतिरिक्त 7. क़ैद में 8. बुद्धि 9. स्वाभिमानता 10. पूर्ण 11. पर्दा।

(67)

था दिल को सुकूँ[1] इश्क़-ए-जुनूँगीर[2] से पहले
गर्दिश[3] ही न थी गर्दिश-ए-तक़दीर से पहले

अब क़ीमत-ए-यक मौज-ए-नफ़स[4] हो गई मालूम
कुछ भी तो न था आह में तासीर[5] से पहले

ऐ साया-ए-दामान-ए-करम[6] ढूंढने वालो
अंजाम भी सोचा कभी तक़सीर[7] से पहले

दुनिया मेरी तसवीर पे बेकार है नाक़िद[8]
दुनिया ही कहाँ थी मेरी तसवीर से पहले

ये महफ़िल-ए-रिन्दाँ[9] है यहाँ हज़रत-ए-वाईज़[10]
उनवान[11] बता दीजिए तक़रीर[12] से पहले

---

1. चैन 2. पागलपन का घेरना 3. घुमाव 4. जीवन की एक लहर का मूल्य 5. गुण 6. किसी की मेहरबानी की छांव 7. गुनाह 8. आलोचना करने वाले 9. शराबियों की महफ़िल 10. धर्म प्रचारक 11. शीर्षक 12. भाषण।

(68)

मेरी दीवानगी नहीं जाती
रो रहा हूँ हंसी नहीं जाती

तेरे जलवों से आशकार[1] हूँ मैं
चाँद की चाँदनी नहीं जाती

तर्क-ए-मय[2] ही समझ इसे ना सेह[3]
इतनी पी है कि पी नहीं जाती

जब से देखा है उनको बेपर्दा
नख़वत[4]-ए-आगही[5] नहीं जाती

शोख़ी-ए-हुस्न-ए-बे इमाँ[6] की क़सम
हुस्न की सादगी नहीं जाती

उनकी दरयादिली[7] को क्या कहिये
मेरी तिश्ना-लबी[8] नहीं जाती

---

1. प्रगट होना 2. शराब छोड़ना 3. नसीहत करने वाला 4. घमण्ड 5. पूर्व परिचय 6. धर्म भ्रष्ट करने वाली सुन्दरता की अदाऐं 7. हृदय की विशालता 8. होंठों की प्यास।

(69)

रूह[1] को तड़पा रही है उन की याद
दर्द बन कर छा रही है उनकी याद

इश्क़[2] से घबरा रही है उन की याद
रुकते रुकते आ रही है उन की याद

वो हंसे, वो ज़ेर-ए-लब[3] कुछ कह उठे
ख़्वाब[4] से दिखला रही है उनकी याद

मैं तो ख़ुद्दारी[5] का क़ायल[6] हूँ मगर
क्या करूं फिर आ रही है उन की याद

अब ख़्याल-ए-तर्क-ए-रब्त[7]-जब़्त[8] ही से है
ख़ुद ब ख़ुद[9] शर्मा रही है उनकी याद

---

1. आत्मा 2. प्रेम 3. होंटों होंटों में 4. स्वप्न 5. गर्व 6. मानने वाला 7. मित्रता तोड़ने का विचार 8. बर्दाश्त 9. अपने आप।

(70)

क्यों न तक़दीर पे हो नाज़-ओ-नअम[1] आज की रात
सुन रहे हैं वो मिरा किस्सा-ए-ग़म आज की रात

उठ गई मेरी तरफ़ चश्म-ए-करम[2] आज की रात
छुप गए दामन-ए फ़र्दा[4] से सितम आज की रात

बदगुमानी[5] हुई जाती है यक़ीं[6] दर आग़ोश[7]
खा रहे हैं वो मौहब्बत की क़सम आज की रात

सोचता हूँ मैं बा ईं आलम-ए-फ़र्दा से ख़्याल
क्या हुई शिद्दत-ए-एहसास-ए-अलम[9] आज की रात

निगह-ए-लुत्फ़-ए-मसीहा[10] से भी तिस्कीं[11] न हुई
दर्द पहले से ज़्यादा[12] है न कम आज की रात

---

1. क़िस्मत 2. नाज नख़रे 3. मेहरबानी की आँख 4. भविष्य का दामन 5. बुरा संदेह 6. यक़ीन 7. गोद 8. भविष्य की कल्पना 9. दुख की तीव्रता का अनुभव 10. जीवन देने वाले की निगाह 11. ढारस, तसल्ली 12. अधिक।

(71)

खनखनाते हीं यों तो जाम बहुत
सर्द[1] है मयकदे की शाम बहुत

जा छुपे अपने-अपने कतबों[2] में
थी यहां जिनकी धूम-धाम बहुत

इक मुसाव्विर[3] को नींद आने से
रह गए नक़्श[4] ना-तमाम[5] बहुत

ज़िन्दगी अब तो रोक हाथ अपना
ले चुकी हम से इन्तक़ाम[6] बहुत

कितना अफ़सोस हो रहा है 'क़तील'
उम्र थोड़ी है और काम बहुत

---

1. ठण्डे 2. क़ब्र के ऊपर लगाने वाला पत्थर जिस पर मरने वाले के विषय में अंकित होता है
3. चित्रकार 4. चित्र 5. अपूर्ण 6. बदला

(72)

अर्ज़-ए-फ़ितरत-ए-आदम[1] को रुसवा[2] कर रहा हूँ मैं
ख़ुदा को भूल कर इंसाँ को सजदा[3] कर रहा हूँ मैं

सुकून-ओ-ऐश[4] के सामाँ[5] मुहईया[6] कर रहा हूँ मैं
हयात-ए-चन्द रोज़ा[7] पर भरोसा कर रहा हूँ मैं

तेरे पर्दे में ख़ुद अपनी तमन्ना[8] कर रहा हूँ मैं
अरे तौबा मौहब्बत को भी रुसवा कर रहा हूँ मैं

गुरूर[9]-ए-बेनियाज़ी[10] ख़ुदनुमाई[11]-व-ख़ुद आराई[12]
जो तुझ में है वही अंदाज़[13] पैदा कर रहा हूँ मैं

बजा तर्क-ए-वफ़ा की कोशिशें लेकिन तअज्जुब है
ये बेजा ज़हमतें[14] क्यों कर गवारा कर रहा हूँ मैं

---

1. आदम की प्रवृत्ति 2. बदनाम 3. दण्डवत 4. शान्ति और सुख 5. सामान 6. इकट्ठा 7. थोड़े दिन का जीवन 8. इच्छा 9. घमण्ड 10. लापरवाही 11. दिखावा 12. अपने आप को सजाना 13. तरीक़ा 14. कष्ट

(73)

बहुत कुछ हो चुकी हैं ज़िन्दगी में ख़ामियाँ[1] पैदा
जरूरत है नए सर[2] से हो फिर बज़्म-ए-जहाँ[3] पैदा

तग़ाफुल[4] दर नज़र पिन्हा[5] शिकायत बर ज़बाँ[6] पैदा
ये क्या शै[7] हो गई है मेरे उनके दरमियाँ[8] पैदा

चमन में रौनक-ए-फ़स्ल-ए-बहाराँ देखने वाले
चमन ही के किसी गोशे[9] से होती है ख़िज़ाँ[10] पैदा

तअज्जुब[11] है वो क्यों कर ज़िन्दगी को मुँह दिखाते हैं
जो दुनिया में हुए जीने को बे नाम-ओ-निशाँ पैदा

वो नाकाम-ए-मौहब्बत हूँ जिसे बा वस्फ़-ए-रुसवाई[12]
कोई हमदम मयस्सर[13] है न कोई राज़दाँ[14] पैदा

---

1. कमजोरियाँ, त्रुटियाँ 2. ढंग 3. दुनिया की महफ़िल 4. उपेक्षा 5. छुपा हुआ 6. ज़ुबान पर 7. वस्तु 8. बीच में 9. कोने 10. पतझड़ 11. अचंभा 12. बदनामी का कारण 13. प्राप्त होना 14. भेद रखने वाला।

(74)

मुसर्रत[1] दूर रहती है तो दिल को ग़म नहीं होता
अजब होता है आलम[2], जब कोई आलम नहीं होता

मेरे हुस्न-ए-यकी में इज्ज़[3] शामिल होता जाता है
मैं क़ुर्बा[4] ऐसे वादे पर जो मुस्तहकम[5] नहीं होता

सुन ऐ ग़ैराई-ए-रहमत[6] पे छींटे फेंकने वाले
तुझे मालूम है दरिया कभी शबनम नहीं होता

सितम है दास्तान-ए-लग़ज़िश[7]-ए-आदम की रुसवाई
कभी महफ़िल में ज़िक्र-ए-अज़मत[8]-ए-आदम नहीं होता

अगर उनकी नज़र आमादगी[9]-ए-मेहर-ओ-वफ़ा[10] होती
तो मुझको शिकवा-ए-बे मेहरि-ए-आलम[11] नहीं होता

वही कैफ़-ए-निशात आगीं[12], वही रानाई-ए-पिंहाँ[13]
मजाक़-ए-इश्क़ हुस्न-ए-यार से कुछ कम नहीं होता है

---

1. ख़ुशी 2. हालत 3. नम्रता 4. क़ुरबान 5. पक्का, अटूट 6. ख़ुदा की कृपा 7. लड़खड़ाहट 8. बड़प्पन 9. सहमत होना 10. मौहब्बत और मेहरबानी 11. दुनिया की बेवफ़ाई की शिकायत 12. ख़ुशी से भरा हुआ 13. छुपी हुई सुन्दरता।

(75)

थोड़ा सा ग़मे-तर्के-मोहब्बत[1] है मुझे भी
शर्मिन्दा जो तू है तो निदामत[2] है मुझे भी

मैं तेरी तरह दिल को समझता नहीं शीशा
वरना इसी दुनिया से शिकायत है मुझे भी

मैं भी हूँ इसी दौर का सहमा हुआ इन्सां
थोड़े से तबस्सुम[3] की ज़रूरत है मुझे भी

जब ज़ख़्म लगे, रक़्स[4] के अन्दाज़ में तड़पूँ
कातिल की तरफ़ से यह हिदायत[5] है मुझे भी

फ़ारिग़[6] हो तो आजाओ ज़रा प्यार ही करलें
कुछ रोज़ से इस खेल की फुर्सत है मुझे भी।

---

1. मोहब्बत छोड़ने का दुःख 2. शर्मिन्दगी 3. मुस्कान 4. नाच 5. निर्देश 6. खाली, फुर्सत में

(76)

शाम-ए-अलम[1] जब रंग दिखाऐ
शम्मा-फ़िरोज़ाँ[2] क्यों न करें

मौसम-ए-गुल है गुल का जुनूं[3]
और गुल का जुनूं है अपना जुनं

मौसम-ए-गुल में हंस हंस कर
हम चाक गरिबाँ[4] क्यों न करें

उनके भी आख़िर सीने में दिल है
दिल में ख़लिश[5] भी टीस[6] भी है

फिर वो ब प क़ैद-ए-दर्द-ए-मौहब्बत
पुरसिश[7]-ए-पिंहाँ[8] क्यों न करें

---

1. दुखों को सांझ 2. रौशन, जग़मगाना 3. पागलपन 4. दामन फाड़ना 5. जलन 6. दर्द 7. पूछताछ 8. छुपी हुई, गुप्त।

(77)

बात छेड़ उसके हुस्ने-जमील[1] की
फिर दुआ मांग उम्रे-तवील[2] की

ले मज़ा तिश्नगी[3] में सवाब का
आस रख कासरो-सल सबील[4] की

कुछ न पाएगा इस नामुराद से
ज़िन्दगी है तिजोरी बख़ील[5] की

सोच लो इश्क़ से पहले आशिक़ो
पेट भरने की भी कुछ सबील[6] की

डट गया चश्मो-अब्रू के सामने
क़ातिलों से ठनी है 'क़तील' की

---

1. सुन्दरता 2. दीर्घायु 3. प्यास 4. स्वर्ग में बहने वाली शराब की नहरें 5. कंजूस 6. उपाय

(78)

सबने पहना था बड़े शौक़ से कागज़ का लिबास
जिस क़दर लोग थे बारिश में नहाने वाले

अदल[1] की तुम न हमें आस दिलाओ यहाँ
क़त्ल हो जाते हैं ज़ंजीर हिलाने वाले

किसको होगी यहां तोफ़ीक़े-आना[2] मेरे बाद
कुछ तो सोचें मुझे सूली पे चढ़ाने वाले

मर गए हम तो यह कतबे[3] पे लिखा जाएगा
सो गए आप ज़माने को जगाने वाले

दरो-दीवार पे हसरत सी बरसती है क़तील
ज़ाने किस देस गए प्यार निभाने वाले

---

1. न्याय 2. अहमं पसन्द करने वाला 3. कब्र के ऊपर लगने वाला पत्थर

(79)

नामाबर[1] अपना हवाओं को बनाने वाले
अब न आएंगे पलट कर कभी जाने वाले

क्या मिलेगा तुझे बिखरे हुए ख्वाबों के सिवा
रेत पर चाँद की तस्वीर बनाने वाले

मयकदे[2] बन्द हुए ढूंढ रहा हूँ तुझको
तू कहां है मुझे आंखों से पिलाने वाले

काश ले जाते कभी मांग कर आंखें मेरी
यह मुसाव्विर[3] तेरी तस्वीर बनाने वाले

तू इस अन्दाज में कुछ और हसीं लगता है
मुझ से मुँह फेरके ग़ज़लें मिरी गाने वाले

---

1. पत्र-वाहक 2. मधुशालाएं 3. चित्रकार

(80)

उनके बग़ैर जी तो रहे हैं 'क़तील' हम
करलें न बे मज़ा कहीं उम्र-तवील[1] हम

आएंगे अपने बाद भी कुछ रहखाने-शौक़[2]
रस्ते में गाड़ दो कि बने संगे-मील[3] हम

दम घुट रहा था शहरे निदामत[4] में दोस्तो
फांद आए एहतियात की ऊँची फ़सील[5] हम

दर पर लगा है कुफ़्ल[6] तो रोज़न[7] ही खोल दे
ताज़ा, हवाओं में तो रहें ख़ुद-कफ़ील[8] हम

सात आस्मां ही रास्ता रोके हुए 'क़तील'
आख़िर कहां से लाएं परे-जिब्रईल[9] हम

---

1. लम्बी आयु 2. प्यार करने के राही 3. रास्ते की दूरी बताने वाला पत्थर 4. शर्मिन्दगी 5. दीवार 6. ताला 7. खिड़की, झरोखा 8. आत्मनिर्भर 9. खुदा के दूत जो अपने परों से उड़ते हुए नबियों (अवतारों) तक ख़ुदा के सन्देश लाया करते थे।

(81)

हालात के क़दमों पे क़लन्दर[1] नहीं गिरता
टूटे भी जो तारा तो ज़मीं पर नहीं गिरता

गिरते हैं समन्दर में बड़े शौक़ से दरिया
लेकिन किसी दरिया में समन्दर नहीं गिरता

समझो वहां फलदार शजर[2] कोई नहीं है
वो सहन कि जिसमें कोई पत्थर नहीं गिरता

इतना तो हुआ फायदा बारिश की कमी से
इस शहर में अब कोई फिसल कर नहीं गिरता

हैराँ है कई रोज़ से ठहरा हुआ पानी
तालाब में अब क्यों कोई कंकर नहीं गिरता

---

1. मस्त, सन्त 2. वृक्ष

(82)

चांदी जैसा रंग है तेरा सोने जैसे बाल!
इक तू ही धनवान है गोरी, बाक़ी सब कंगाल

हर आंगन में सजे न तेरे उजले रूप की धूप
छैलछबीली रानी थोड़ा घूंघट और निकाल

भर-भर नज़रें देखें तुझ को आते-जाते लोग
देख तुझे बदनाम न करदे यह हिरनी सी चाल

सामने तू आए तो धड़कें मिलकर लाखों दिल
अब जाना, धरती पर कैसे आते हैं भूचाल

यह दुनिया है ख़ुदगर्जों[1] की लेकिन यार 'क़तील'
तूने हमारा साथ दिया तू जिए हजारों साल

---

1. स्वार्थी

(83)

ज़िन्दगी के ग़म लाखों और चश्मे-नम[1] तन्हा
हसरतों की मैयत पर रो रहे ही हम तन्हा

मिल सका न कोई भी हम सफ़र ज़माने में
काटते रहे बरसों जादा-ए-अलम[2] तन्हा

खेल तो नहीं यारो रास्ते की तन्हाई
कोई हमको दिखलाए चल के दो क़दम तन्हा

दिल को छेड़ती होगी यादे-रफ़्तगां[3] अकसर
लाख जी को बहलाएं शेख मोहतरम तन्हा

थी 'क़तील' चाहत में उनकी भी रजा शामिल
फिर भी हम ही ठहरे ही मूरिदे-सितम[4] तन्हा

---

1. भीगी आंख 2. दु:ख का रास्ता 3. अतीत की याद 4. अत्याचार का शिकार

(84)

जब से अमीरे-ज़ुलफ़े-गिरह गीर[1] हो गया
मीं बे-नियाज़े-हलका-ए-ज़न्जीर[2] हो गया

नूरे-जहां कोई न कोई यों तो सुबकी थी
दौलत से एक शख़्स जहांगीर हो गया

मुझ में रची हुई तिरी खुश्बू थी इसलिए
बढ़कर अदू[3] भी मुझसे बग़लगीर[4] हो गया

जाता कहां भला तिरी महफ़िल को छोड़कर
मैं आप अपने पाँव की ज़न्जीर हो गया

फिर बांध ली किसी से उम्मीदे-वफ़ा 'क़तील'
फिर इक महल हवाओं में तामीर[5] हो गया है

---

1. धुंघराले बालों का कैदी, ज़न्जीर (क़ैद की चिन्ता से मुक्त) 3. दुश्मन 4. गले मिलना 5. निर्माण

(85)

वो शख़्स कि मैं जिससे मोहब्बत नहीं करता
हंसता है मुझे देख के नफ़रत नहीं करता

पकड़ा ही गया हूँ तो मुझे दार[1] पे खींचो
सच्चा हूँ, मगर अपनी वकालत नहीं करता

घर वालों को ग़फ़लत पे सभी कोस रहे हैं
चोरों को मगर कोई मलामत नहीं करता

देते ही उजाले मिरे सिजदों की गवाही
मैं छुप के अन्धेरों में इबादत नहीं करता

दुनिया में 'क़तील' उस सा मुनाफ़िक़[2] नहीं कोई
जो ज़ुल्म तो सहता है बग़ावत नहीं करता

---

1. फांसी 2. औरों का बुरा चाहने वाला

(86)

थी हम-आग़ोशी[1] मगर कुछ भी मुझे हासिल न था
वो इक ऐसा लम्स[2] था जिसमें बदन शामिल न था

रेत की दलदल मिली मुझको समन्दर पार भी!
मैं वहां उतरा जहां साहिल[3] कभी साहिल न था

वो तो इक साज़िश थी मेरे ख़ून की मेरे खिलाफ़
जिसके सर इलज़ाम आया वो मिरा क़ातिल न था

पर लगा कर उड़ गए आख़िर मिरी नींदों के साथ
प्यार के वो ख़्वाब जिनका कोई मुस्तक़बिल[4] न था

उनसे मिलकर यह भी देखी शौबदा बाज़ी[5] 'क़तील'
धड़कनें मौजूद थी सीने में लेकिन दिल न था

---

1. एक दूसरे की बाहों में 2. स्पर्श 3. किनारा 4. भविष्य 5. कर्तब बाज़ी, चमत्कार दिखाना

(87)

रानाई[1]-ए-बहार गुल-ओ गुलिस्ताँ गई
वो क्या गए कि रौनक़-ए-बज़्म[2]-ए-जहाँ गई

आख़िर ग़ुबार[3]-ए-राह[4]-ए-मौहब्बत भी छट गया
कुछ दूर तो निगाह पास-ए-कारवाँ[5] गई

ग़म हो कि इंबिसात[6] किसी को नहीं क़रार
फ़स्ल-ए-बहार आई तो फसल-ए-ख़िज़ाँ[7] गई

कहिए जनाब-ए-शैख़[8], ये मय[9] है ये मय कदा[10]
अब आरज़ू-ए-कौसर-ओ-जन्नत[11] कहाँ गई

ऐ कामियाब सई[12]-ए-मदावा[13] ख़ता मुआफ़
फिर क्या रहा जो लज्ज़त-ए-दर्द-ए-निहाँ[14] गई

---

1. ख़ूबसूरती 2. महफ़िल 3. धूल 4. रास्ता 5. कारवाँ के पीछे 6. ख़ुशी 7. पतझड़ का मौसम 8. नेक आदमी 9. शराब 10. मधुशाला 11. स्वर्ग में एक हौज़ का नाम 12. कोशिश। 13. इलाज 14. दर्द की छुपी हुई मिठास।

(88)

जब उसके पास मिरा नामाबर[1] गया होगा
तमाम बज़्म[2] का चेहरा उतर गया होगा

यकीं था शैख़ को जन्नत में जाम खनकेंगे
इसी खुशी में वो प्यासा ही मर गया होगा

तड़प रहे ही यह क्यों मुझ समेत दिल वाले
किसी का तीरे-नज़र काम कर गया होगा

तुम्हारे दर से पलट आया जो दबे पाँव
वोह शख़्स वादा-ए-फ़र्दा[3] से डर गया होगा

सुना है लुट गए रस्ते में क़ाफ़ले वाले
जरूर साथ कोई राहबर गया होगा

1. पत्र-वाहक 2. महफिल 3. कल का वादा

(89)

जलवा-ए-मोतबर[1] को क्या कहिये
दिल नहीं दिल, नज़र को क्या कहिये

जो गुज़रते हैं आह तेरे बग़ैर[2]
ऐसे शाम-ओ-सहर[3] को क्या कहिये

इश्क़ ने पा लिया ख़ुद[4] अपना मक़ाम[5]
उन की पहली नज़र को क्या कहिये

दूर रह कर भी पास है कोई
एहतमाम[6]-ए-नज़र को क्या कहिये

मुझ से ग़ाफ़िल[7] भी मेरी जानिब भी
एहतियात[8]-ए-नज़र को क्या कहिये

---

1. एतबार किया जाने वाला 2. तेरे बिना 3. सुबह 4. स्वयं 5. स्थान 6. सुप्रबन्ध 7. लापरवाह 8. सर्तकता।

(90)

प्यार के बाद लड़कपन, जोबन बन जाता है
सोना आग में तप कर कुन्दन बन जाता है

आम से जिस लड़के को दिल दे बैठे गोरी
सबकी नज़रों में वो साजन बन जाता है

जिसने प्यार की दौलत[1] पाई उससे पूछो
कैसे कंग़ला शख़्स महाजन बन जाता है

याद किसी की छा जाती है जब नयनों में
कोई भी मौसम हो सावन बन जाता है

ख़ुदगर्जी का खेल क़तील वो खेल है जिसमें
अच्छा-ख़ासा दोस्त भी दुश्मन बन जाता है

तकमील[1]-ए-शबाब चाहता हूँ
हो जाऊँ[2] ख़राब चाहता हूँ

सर अर्का-ए-अलम[3] है करना
थोड़ी सी शराब चाहता हूँ

हो ख़ैर[4] मोहब्बतों की या रब[5]
जालिम से जवाब चाहता हूँ

वो मुझसे सवाल[6] कर रहे हैं
मैं उनसे जवाब चाहता हूँ

कुछ ऐसी हक़ीक़तें[7] हैं जिनको
पाबन्द-ए-हिजाब[8] चाहता हूँ।

---

1. पूर्ण होना 2. मुक़ाबला जीतना 3. दु:ख 4. भलाई 5. ऐ ख़ुदा 6. प्रश्न 7. सच्चाइयाँ 8. पर्दे में छुपा हुआ।

(91)

सोचा था अपने-आप से शायद सबक़ मिले
कोरे किताबे-ए-उम्र के सारे वरक़ मिले

हम पर कोई निसाब[1] न था आज तक गए
अब के मगर बहुत से मज़ामी[2] अदक़[3] मिल

बे-सम्त[4] मंज़िलों को रवां था वो राहबर
चहरे तमाम क़ाफ़ले वालों के फक़ मिले

बेनुस्सतूर[5] जिनकी तबाही का जिक्र है
या रब उन्हें भी हर्फ़ शनासी का हक़ मिले

उस शख़्स की तलाश है अब तक मुझे 'क़तील'
ईमान की ज़रा सी भी जिसमें रमक़[6] मिले।

---

1. सिलेबस 2. विषय 3. कठिन 4. दिशाहीन 5. दो लाइनों के बीच का अन्तर 6. चमक

(92)

तिरे गले में अगर मोतियों की माला है
यह सोच किसने मकान अपना बेच डाला है

हमेशा झूठ हम आपस में बोलते आए
न मेरे दिल में न तेरी ज़ुबाँ पे छाला है

जो सबने देख लिया मैं भी उसको देख सकूँ
कोई बताए वो किस रंग का उजाला है

किताबे-उम्र[1] न छपवा सका मैं आज तक
कि हर वरक़ पे तिरे नाम का हवाला है

नहीं ज़रूर कि हो प्यार एक बार 'क़तील'
यह मीठा रोग कई बार हमने पाला है

---

1. जीवन की पुस्तक

(93)

लूटा जो हम सफ़र ने तो नोचा लिबास भी!
ऐसा तो बे लिहाज़ कोई राहज़न न था

मकतल[1] में यों तो थे शोहदा[2] मुल्क-मुल्क के
लाशा किसी का मेरी तरह बे कफ़न न था

मांगी थी मैंने शहरीयते-खुल्द[3] इसलिए
रूए-ज़मीन पे मेरा कोई भी वतन न था

रेशम के जिस लिबास पे नाज़ाँ[4] था एक शख़्स
देखा तो उस लिबास के अन्दर बदन न था

उस अब्रे-नौ-बहार[5] की उम्मीद में 'क़तील'
मैं दश्ते-इन्तज़ार[6] में कब ख़ैमा-जन[7] न था

---

1. कत्ल होने का स्थान 2. शहीद 3. स्वर्ग की नागरिकता 4. गर्व करना 5. नई बहार के मौसम का बादल 6. इन्तज़ार का जंगल 7. पड़ाव डाले हुए

(94)

ख़ुशी न ग़म की, न ग़म ख़ुशी का
अजीब आलम[1] है ज़िन्दगी का

चिराग़-ए-अफ़सुर्दा[2]-ए-मौहब्बत
न बुझ रहा है न जल रहा है

हज़ार तर्क-ए-वफ़ा[3] करूँ मैं
तेरी मौहब्बत का क्या करूँ मैं

दिल-ए-हजीं[4] तुझसे रूठकर भी
तेरे इशारे पे चल रहा है

---

1. हालत 2. मुरझाया हुआ 3. मौहब्बत समाप्त करना 4. दुखी दिल।

(95)

शबे-विसाल[1] कुछ ऐसा निखर रहा था कोई
ख़ुद अपने हुस्न को हैरान का रहा था कोई

वोह मुझसे दूर था, मैं फिर भी लड़खड़ा सा गया
ख़ुमार[2] बनके बदन में उतर रहा था कोई

वो जल्द कैसे पहुँचता लबों[3] के साहिल पर
समन्दरों की तहों से उभर रहा था कोई

जरूर नसब[4] वहां कोई आईना होगा
नज़र झुकाए जहां से गुजर रहा था कोई

'क़तील' मुझको बुरा उसने कह दिया भी तो क्या?
यही बहुत है मुझे याद कर रहा था कोई

---

1. मिलन की रात 2. नशा 3. होठों 4. लगाना

(96)

मैं अपना उम्र भर का चैन जब उस दर पे छोड़ आया
मिली है तब कहीं जा कर ज़रा सी बेकली मुझको

मैं वो गुलशन गज़िदा[1] हूँ कि तन्हाई के मौसम में
नहीं होते अगर कान्टे तो डसती है कली मुझको

मये-रंगी[2] ने आंखों को यह कैसा हुस्न बख़्शा है
कि जैसी हो कोई सूरत नज़र आए भली मुझको

मोहब्बत थी उसे लेकिन मिरा इफ़लास[3] जब देखा
परेशां भी नज़र आई वो नाज़ों[4] की पली मुझको

'क़तील' आबाद जब घर था तो क्यों मुझ पर कहीं ग़ज़ले
यह ताना जाते-जाते दे गई इक दिल जली मुझको

---

1. सताया हुआ 2. रंगीन शराब 3. गरीबी 4. लाडली

(97)

तमाम शहर के रस्ते सजा दिए जाएं
हम आगए ही तो कांटे बिछा दिए जाएं

हमें सुकून से इक दिन क़याम करना है
जमीं पे धूप के ख़ैमे[1] लगा दिए जाएं

अभी तलक जो ख़मोशी में डालते हीं ख़लल
दरख्त से वो परिन्दे[2] उड़ा दिए जाएं

मुबादा रात चली आए शाम से पहले!
चिराग़ क्यों ने अभी से बुझा दिए जाएं

क़तील अपने लिए वो कशिश[3] ज़मीन में है
यहीं गिरेंगे जहां से गिरा दिए जाएं

---

1. तम्बू 2. पक्षी 3. आकर्षण

(98)

जो तेरे प्यार का सौदा[1] सरों में रखते हैं
वो अपना काँच सा दिल पत्थरों में रखते हैं

सदा उड़ान की दौलत मिला नहीं करती
संभाल कर इसे पंछी परों में रखते हैं

किसी ग़रीब का घर जिन से जगमगा उठता
जला के हम वो दिए मक़बरों में रखते हैं

हुआ है जिनसे हमेशा ज़ियांने-बीनाई[2]
हम अपनी आंख उन्हीं मंज़रो[3] में रखते हैं

'क़तील' जितने भी ही मसलिहत के सौदागर
वो ज़िन्दगी को छुपा कर घरों में रखते हैं

---

1. जुनून, अन्तिम सीमा को छुती हुई चाहत 2. नज़र का नुकसान 3. दृश्य

(99)

अपने हाथों की लकीरों में बसाले मुझको
मैं हूँ तेरा ही नसीब अपना बनाले मुझको

मैं जो कांटा हूँ तो चल मुझसे बचा कर दामन
मैं हूँ अगर फूल तो जूड़े में सजाले मुझको

मैं खुले दर के किसी घर का हूँ सामां प्यारे
तू दबे पाँव कभी आके चुराले मुझको

तर्के-उलफत[1] की क़सम भी कोई होती है क़सम
तू कभी याद तो कर, भूलने वाले, मुझको

मुझको तू पूछने आया है वफ़ा के मानी
यह तिरी सादा दिली मार न डाले मुझको।

---

1. सम्बन्ध विच्छेद, मोहब्बत छोड़ना

(100)

आ ग़मे-जाना[1] बहुत दिल-गीर[2] हूँ मैं
इक अधूरे ख़्वाब की ताब़ीर हूँ मैं

कल तलक पूरे थे खदो-खाल[3] मेरे
आज बे चेहरा सी इक तस्वीर हूँ मैं

अब तो हक़ मौजों को है मुझको मिटा दें
रेत पर लिखी हुई तहरीर हूँ मैं

हाथ मेरा थाम ले ए काश कोई
रास्ता भूला हुआ रहगीर[4] हूँ मैं

किस तरह उट्ठूं क़तील उस दर से आख़िर
आप अपने पावं की ज़न्जीर हूँ मैं

---

1. महबूबा का ग़म 2. दुःखी मन 3. अंग 4. मुसाफ़िर

(101)

वो गर्मी-ए-बज़्म-ए-इश्क़[1] गई, वो मेहर[2]-ओ-वफ़ा के गीत गए
जब होसला[3]-ए-दिल-पस्त[4] न था, हाँ हाँ वो ज़माने बीत गए

हम शान-ए-तहम्मुल[5] पर नाज़ाँ[6], तुम ज़ोर-ए मुसलसल[7] पर क़ायम[8]
लिल्लाह ये बाज़ी रहने दो, हम हार गए तुम जीत गए

फिर दिल सर-ए-राह-ए-इश्क़-ओ-वफ़ा बे जुर्रत[9] ओ-बे असलूब[10]
गया इस मंज़िल में हर साहिब-ए-दिल[11] महजूब[12] आया महजूब गया

वो बहर-ए-मौहब्बत[13] बे पायाँ, वो बहर-ए-मौहब्बत है जिसमें
इक डूबने वाला तैर गया, इक तैरने वाला डूब गया

---

1. मोहब्बत की महफिल का जोश 2. मेहरबानी 3. हिम्मत 4. कमज़ोर 5. सहनशीलता की शान 6. गर्व करना 7. लगातार 8. स्थिर 9. हिम्मत 10. शैली 11. दिल वाला 12. शर्मिन्दा 13. मोहब्बत का समुद्र।

(102)

पुर कैफ़[1] बहारें आ न सकी, पुरलुत्फ़[2] नज़ारे हो न सके
दौर-ए-मय रंगी[3] चल न सका, फ़ितरत[4] के इशारे हो न सके

आलम[5] भी वही है दिल भी वही, तक़दीर को लेकिन क्या कहिये
हम आप के थे हम आपके हैं, हाँ आप हमारे हो न सके

इसाँ की फ़ितरत क्या कहिये, मुशकिल सा फ़साना ढूँढ लिया
ठुकरा के जमूद[6]-ए-हस्ती को, जीने का बहाना ढूँढ़ लिया

एहसास-ए-मौहब्बत[7] क्या मानी[8], बेबाकी-ए-जुर्रत[9] क्या मानी
तक़सीर[10] के नाज़ुक पर्दे में आदम[11] ने ठिकाना के ढूँढ लिया

---

1. मज़ेदार 2. नम्रतापूर्ण 3. रंगीन शराब का दौर 4. प्रकृति 5. दुनिया 6. ठहराव 7. मोहब्बत का भाव 8. अर्थ 9. हिम्मत का जोश 10. गुनाह 11. मनुष्य।

(103)

मुझको देखने वाले तू किस ध्यान में है
आख़िर क्या मुश्किल मेरी पहचान में है

अपने हिज्र[1] के पसे-मजूर[2] में झांक मुझे
मेरी सब रूदाद[3] इसी उनवान[4] में है

कब सुनने देती है शोर समन्दर का
पानी की इक बूंद जो मेरे कान में है

शौक़ तो यह है आपके फ़ातेह[5] कहलाएं
जंग अभी तक माज़ी[6] के मैदान में है

जिनके लिए मैं ग़ज़लें कहता रहा 'क़तील'
उनका सारा हुस्न मिरे दीवान में है

---

1. वियोग 2. पृष्ठ-भूमि 3. कहानी 4. शीर्षक 5. विजयता 6. अतीत

(104)

डरते नहीं ज़ख़्मों से हम दौरे-रसन[1] वाले
पत्थर न उठा हम पर शीशे के बदन वाले

सोने की लहद[2] में भी, शायद न सुकूं पाएं
लाशे ही यहां जितने, रेशम के कफ़न वाले

जो याद दिलाते थे, इक भूलने वाले की
झोंके वो कहां यारो, पूरब की पवन वाले

तू आए तो लगता है, अपनी भी सहर होगी
अन्दाज़ हैं सब तेरे-सूरज की किरण वाले

बर्बाद हुई फ़न में, इक उम्र 'क़तील' अपनी
मिलते ही कहां हमसे, फ़नकार लगन वाले

---

1. फांसी 2. कब्र

(105)

खुला है झूठ का बाज़ार आओ सच बोलें
न हो बला से ख़रीदार आओ सच बोलें

सुकूत[1] छाया है इंसानियत की क़द्रों पर
यही है मौक़ा-ए-इज़हार आओ सच बोलें

हमें गवाह बनाया है वक़्त ने अपना
ब-नाम-ए-अज़मत[2]-ए-किरदार आओ सच बोलें

सुना है वक़्त का हाकिम[3] बड़ा ही मुंसिफ़[4] है
पुकार कर सर-ए-दरबार आओ सच बोलें

तमाम शहर में क्या एक भी नहीं मंसूर
कहेंगे क्या रसन-ओ-दार[5] आओ सच बोलें

बजा[6] के ख़ू-ए-वफ़ा[7] एक भी हसीं में नहीं
कहाँ के हम भी वफ़ा-दार आओ सच बोलें

जो वस्फ़[8] हम में नहीं क्यूँ करें किसी में तलाश
अगर ज़मीर है बेदार आओ सच बोलें

छुपाए से कहीं छुपते हैं दाग़ चेहरे के
नज़र है आईना बरदार[9] आओ सच बोलें

'क़तील' जिन पे सदा पत्थरों को प्यार आया
किधर गए वो गुनह-गार आओ सच बोलें

---

1. ख़ामोशी 2. आन, उपाधि 3. शासक 4. निर्णायक 5. रस्सी और फंदा 6. न्याय संगत, उचित
7. स्थिरता की आदत 8. गुण, विशेषता 9. धारक

(106)

हर बेज़ुबाँ को शोला-नवा[1] कह लिया करो
यारो, सुकूत[2] ही को सदा[3] कह लिया करो

ख़ुद को फ़रेब दो कि न हो तल्ख़ ज़िन्दगी
हर संगदिल को जाने-वफ़ा कह लिया करो

गर चाहते हो ख़ुश रहें कुछ बंदगाने-ख़ास[4]
जितने सनम हैं उनको ख़ुदा कह लिया करो

यारो ये दौर ज़ौफ़-ए-बसारत[5] का दौर है
आँधी उठे तो उसको घटा कह लिया करो

इंसान का अगर क़द-ओ-क़ामत[6] न बढ़ सके
तुम उसको नुक़्स-ए-आब-ओ-हवा[7]कह लिया करो

अपने लिए अब एक ही राह-ए-नजात[8] है
हर ज़ुल्म को रज़ा-ए-ख़ुदा[9] कह लिया करो

दिखलाए जा सकें जो न काँटे ज़ुबान के
तुम दास्तान-ए-कर्ब-ओ-बला[10] कह लिया करो

ले-दे के अब यही है निशान-ए-ज़िया[11] क़तील
जब दिल जले तो उसको दिया कह लिया करो

---

1. जिसकी आवाज़ में आग हो 2. मौन 3. आवाज़ 4. विशेष उपासक 5. दृष्टि की कमज़ोरी 6. डील-डौल 7. जलवायु का दोष 8. मुक्ति का रास्ता 9. ईश्वरेच्छा 10. दुखों की कहानी 11. प्रकाश का चिह्न

(107)

उफ़ुक़[1] के उस पार ज़िन्दगी के उदास लम्हे उतार आऊँ
अगर मेरा साथ दे सको तुम तो मौत को भी उतार आऊँ

कुछ इस तरह जी रहा हूँ जैसे उठाए फिरता हूँ लाश अपनी
जो तुम ज़रा-सा भी दो सहारा तो बारे-हस्ती[2] उतार आऊँ

बदल गये ज़िन्दगी के महवर[3],तवाफ़े-दैरो-हरम[4] कहाँ का
तुम्हारी महफ़िल अगर हो बाक़ी तो मैं भी परवानावार आऊँ

कोई तो ऐसा मुकाम होगा जहाँ मुझे भी सुकूँ मिलेगा
ज़मीं के तेवर बदल रहे हैं तो आस्माँ को सँवार आऊँ

अगरचे[5] इसरार-ए-बेख़ुदी[6] है तुझे भी ज़रपोश महफ़िलों में
मुझे भी ज़िद है कि तेरे दिल में नुक़ूश-ए-माज़ी[7] उभार आऊँ

सुना है एक अजनबी-सी मंज़िल को उठ रहे हैं क़दम तुम्हारे
बुरा न मानो तो रहनुमाई को सरे-रहगुज़ार आऊँ

---

1. क्षितिज 2. जीवन का बोझ 3. धुरियाँ 4. बुतख़ाने और क़ाबे की परिक्रमा 5. यद्यपि 6. बेसुध होने का हठ 7. अतीत के चिह्न

(108)

दिल को ग़म-ए-हयात[1] गवारा है इन दिनों
पहले जो दर्द था वही चारा है इन दिनों

हर सैल-ए-अश्क़[2] साहिल-ए-तस्कीं[3] है आजकल
दरिया की मौज-मौज किनारा है इन दिनों

यह दिल ज़रा-सा दिल तेरी आँखों में खो गया
ज़र्रे को आँधियों का सहारा है इन दिनों

शम्मओं में अब नहीं है वो पहली-सी रौशनी
शायद वो चाँद अंजुमन-आरा[4] है इन दिनों

तुम आ सको तो शब को बढ़ा दूँ कुछ और भी
अपने कहे में सुबह का तारा है इन दिनों

क़ुर्बां[5] हों जिसके हुस्न पे सौ जन्नतें 'क़तील'
नज़रों के सामने वो नज़्ज़ारा है इन दिनों

---

1. जीवन का दुख 2. आँसुओं की बाढ़ 3. संतोष का तट 4. सभा की शोभा बढ़ाने वाला 5. भेंट

(109)

दुनिया ने हम पे जब कोई इल्ज़ाम रख दिया
हमने मुक़ाबिल उसके तेरा नाम रख दिया

इक ख़ास हद पे आ गई जब तेरी बेरुख़ी
नाम उसका हमने गर्दिशे-अय्याम[1]रख दिया

मैं लड़खड़ा रहा हूँ तुझे देख-देखकर
तूने तो मेरे सामने इक जाम रख दिया

कितना सितम-ज़रीफ़[2] है वो साहिब-ए-जमाल
उसने जला-जला के लबे-बाम[3] रख दिया

इंसान और देखे बग़ैर उसको मान ले
इक ख़ौफ़ का बशर ने ख़ुदा नाम रख दिया

अब जिसके जी में आए वही पाए रौशनी
हमने तो दिल जला के सरे-आम रख दिया

क्या मस्लेहत-शनास[4] था वो आदमी 'क़तील'
मजबूरियों का जिसने वफ़ा नाम रख दिया

---

1. समय का चक्कर 2. हँसी-हँसी में अत्याचार करने वाला 3. खिड़की पर 4. चतुर सुजान

(110)

निगाहों में ख़ुमार आता हुआ महसूस होता है
तसव्वुर[1] जाम छलकाता हुआ महसूस होता है

ख़िरामे- नाज़[2] -और उनका ख़िरामे-नाज़ क्या कहना
ज़माना ठोकरें खाता हुआ महसूस होता है

ये एहसासे-जवानी को छुपाने की हसीं कोशिश
कोई अपने से शर्माता हुआ महसूस होता है

तसव्वुर[3] एक ज़ेहनी जुस्तजू[4] का नाम है शायद
दिल उनको ढूँढ कर लाता हुआ महसूस होता है

किसी की नुक़रई[5] पाज़ेब की झंकार के सदक़े
मुझे सारा जहाँ गाता हुआ महसूस होता है

'क़तील'अब दिल की धड़कन बन गई है चाप[6] क़दमों की
कोई मेरी तरफ़ आता हुआ महसूस होता है

---

1. तसव्वुर 2. इठलाती हुई चाल 3. कल्पना 4. अन्तर्मन की इच्छा 5. चाँदी की 6. आहट

(111)

मैं ज़िन्दगी की हर-इक साँस को टटोल चुकी
मैं लाख बार मुहब्बत के भेद खोल चुकी
मैं अपने आपको तनहाइयों में तोल चुकी
मैं जल्वतों में[1] सितारों के बोल बोल चुकी
-मगर कोई भी न माना

वफा के दाम[2] बिछाए गए क़रीने से[3]
मगर किसी ने भी रोका न मुझको जीने से
किसी ने जाम चुराए हैं मेरे सीने से
किसी ने इत्र निचोड़ा मेरे पसीने से
-किसी को ग़ैर न जाना

मेरी नज़र की गिरह खुल गई तो कुछ भी न था
जो बाज़ुओं में कहीं तुल गई तो कुछ भी न था
मेरे लबों से[4] शफ़क़[5] धुल गई तो कुछ भी न था
जवाँ रही, सो रही, घुल गई तो कुछ भी न था।
-कि लुट चुका था ख़ज़ाना

रही न साँस में ख़ुशबू तो भाग फूट गए
गया शबाब[6] तो अपने पराए छूट गए
कोई तो छोड़ गए कोई मुझको लूट गए
महल गिरे सो गिरे, झोंपड़े भी टूट गए
-रहा न कोई ठिकाना

---

1. सबके सामने, 2. जाल, 3. सुरीति से, 4. होंठों से, 5. उषा की लाली, 6. यौवन,

(112)

तुम्हारी अंजुमन से उठ के दीवाने कहाँ जाते
जो वाबस्ता हुए तुमसे वो अफ़साने कहाँ जाते

निकल कर दैर-ओ-क़ाबा से अगर मिलता न मैख़ाना
तो ठुकराए हुए इन्साँ ख़ुदा जाने कहाँ जाते

तुम्हारी बेरुख़ी ने लाज रख ली बादाख़ाने[1] की
तुम आँखों से पिला देते तो पैमाने कहाँ जाते

चलो अच्छा हुआ काम आ गयी दीवानगी अपनी
वगरना हम ज़माने को ये समझाने कहाँ जाते

'क़तील' अपना मुक़द्दर ग़म से बेग़ाना[2] अगर होता
तो फिर अपने-पराए हमसे पहचाने कहाँ जाते

---

1. शराबख़ाने 2. अपिरिचित अथवा रहित

(113)

गर्मी-ए-हसरत-ए-नाकाम से जल जाते हैं
हम चराग़ों की तरह शाम से जल जाते हैं

शम्अ' जिस आग में जलती है नुमाइश के लिए
हम उसी आग में गुमनाम से जल जाते हैं

बच निकलते हैं अगर आतिश-ए-सय्याल[1] से हम
शोला-ए-आरिज़-ए-गुलफ़ाम से जल जाते हैं

ख़ुद-नुमाई तो नहीं शेवा-ए-अरबाब-ए-वफ़ा
जिन को जलना हो वो आराम से जल जाते हैं

रब्त-ए-बाहम[2] पे हमें क्या न कहेंगे दुश्मन
आश्ना जब तिरे पैग़ाम से जल जाते हैं

जब भी आता है मिरा नाम तिरे नाम के साथ
जाने क्यूँ लोग मिरे नाम से जल जाते हैं

---

1. ज्वालामुखी का लावा 2. परस्पर मेलजोल और दोस्ती

(114)

अपने होंटों पर सजाना चाहता हूँ
आ तुझे मैं गुनगुनाना चाहता हूँ

कोई आँसू तेरे दामन पर गिरा कर
बूँद को मोती बनाना चाहता हूँ

थक गया मैं करते करते याद तुझ को
अब तुझे मैं याद आना चाहता हूँ

छा रहा है सारी बस्ती में अँधेरा
रौशनी को, घर जलाना चाहता हूँ

आख़री हिचकी तिरे ज़ानू पे आए
मौत भी मैं शाइ'राना चाहता हूँ

(115)

परेशाँ रात सारी है सितारो तुम तो सो जाओ
सुकूत-ए-मर्ग[1] तारी है सितारो तुम तो सो जाओ

हँसो और हँसते हँसते डूबते जाओ ख़लाओं[2] में
हमीं पे रात भारी है सितारो तुम तो सो जाओ

हमें तो आज की शब पौ फटे तक जागना होगा
यही क़िस्मत हमारी है सितारो तुम तो सो जाओ

तुम्हें क्या आज भी कोई अगर मिलने नहीं आया
ये बाज़ी हम ने हारी है सितारो तुम तो सो जाओ

कहे जाते हो रो रो कर हमारा हाल दुनिया से
ये कैसी राज़दारी है सितारो तुम तो सो जाओ

हमें भी नींद आ जाएगी हम भी सो ही जाएँगे
अभी कुछ बे-क़रारी है सितारो तुम तो सो जाओ

---

1. शांत मौत 2. पतवार

(116)

बना हूँ मैं आज तेरा मेहमाँ कोई अदू[1] को ख़बर न कर दे
उठा के वो तेरी अंजुमन से कहीं मुझे दर-ब-दर न कर दे

ये वस्ल[2] की रात है ख़ुदारा नक़ाब चेहरे से मत हटाओ
तुम्हारे चेहरे का ये उजाला सहर से पहले सहर न कर दे

क़सम जिसे ज़ब्त-ए-ग़म[3] की दे कर उठा दिया अपने दर से तू ने
कहीं वो दीवाना उम्र अपनी बग़ैर तेरे बसर न कर दे

बड़े मज़े से मैं पी रहा हूँ मिरी तरफ़ तुम अभी न देखो
मुझे ये डर है नज़र तुम्हारी शराब को बे-असर न कर दे

सताया जिस को हमेशा तू ने सदा अकेला जो छुप के रोया
वो दिल-जला अपने आँसुओं से तुम्हारा दामन भी तर न कर दे

'क़तील' ये वस्ल के ज़माने हसीन भी हैं तवील[4] भी हैं
मगर लगा है ये दिल को धड़का इन्हें कोई मुख़्तसर[5] न कर दे

---

1. दुश्मन 2. मिलन 3. कष्ट और दुःख प्रकट न होने देना 4. बुलंद 5. कम

(117)

किया है प्यार जिसे हम ने ज़िंदगी की तरह
वो आश्ना[1] भी मिला हम से अजनबी की तरह

किसे ख़बर थी बढ़ेगी कुछ और तारीकी[2]
छुपेगा वो किसी बदली में चाँदनी की तरह

बढ़ा के प्यास मिरी उस ने हाथ छोड़ दिया
वो कर रहा था मुरव्वत[3] भी दिल-लगी की तरह

सितम तो ये है कि वो भी न बन सका अपना
क़ुबूल हम ने किए जिस के ग़म ख़ुशी की तरह

कभी न सोचा था हम ने 'क़तील' उस के लिए
करेगा हम पे सितम वो भी हर किसी की तरह

---

1. मित्र 2. अंधकार 3. विनम्र

(118)

अंगड़ाई पर अंगड़ाई लेती है रात जुदाई की
तुम क्या समझो तुम क्या जानो बात मिरी तन्हाई की

कौन सियाही घोल रहा था वक़्त के बहते दरिया में
मैं ने आँख झुकी देखी है आज किसी हरजाई की

टूट गए सय्याल[1] नगीने फूट बहे रुख़्सारों पर
देखो मेरा साथ न देना बात है ये रुस्वाई[2] की

वस्ल[3] की रात न जाने क्यूँ इसरार[4] था उन को जाने पर
वक़्त से पहले डूब गए तारों ने बड़ी दानाई की

उड़ते उड़ते आस का पंछी दूर उफ़ुक़[5] में डूब गया
रोते रोते बैठ गई आवाज़ किसी सौदाई की

---

1. द्रव्य 2. बदनामी 3. मिलन 4. जिद 5. क्षितिज

(119)

हुस्न को चाँद जवानी को कँवल कहते हैं
उन की सूरत नज़र आए तो ग़ज़ल कहते हैं

उफ़ वो मरमर से तराशा हुआ शफ़्फ़ाफ़[1] बदन
देखने वाले उसे ताज-महल कहते हैं

वो तिरे हुस्न की क़ीमत से नहीं हैं वाक़िफ़
पंखुड़ी को जो तिरे लब का बदल कहते हैं

पड़ गई पाँव में तक़दीर की ज़ंजीर तो क्या
हम तो उस को भी तिरी ज़ुल्फ़ का बल कहते हैं

---

1. गोरा

(120)

मिल कर जुदा हुए तो न सोया करेंगे हम
इक दूसरे की याद में रोया करेंगे हम

आँसू झलक झलक के सताएँगे रात भर
मोती पलक पलक में पिरोया करेंगे हम

जब दूरियों की आग दिलों को जलाएगी
जिस्मों को चाँदनी में भिगोया करेंगे हम

बिन कर हर एक बज़्म[1] का मौज़ू-ए-गुफ़्तगू[2]
शे'रों में तेरे ग़म को समोया करेंगे हम

मजबूरियों के ज़हर से कर लेंगे ख़ुद-कुशी
ये बुज़दिली का जुर्म भी गोया करेंगे हम

दिल जल रहा है ज़र्द शजर देख देख कर
अब चाहतों के बीज न बोया करेंगे हम

गर दे गया दग़ा हमें तूफ़ान भी 'क़तील'
साहिल पे कश्तियों को डुबोया करेंगे हम

---

1. सभा 2. बातचीत का विषय 3. पेड़

(121)

मैं ने पूछा पहला पत्थर मुझ पर कौन उठाएगा
आई इक आवाज़ कि तू जिस का मोहसिन[1] कहलाएगा

पूछ सके तो पूछे कोई रूठ के जाने वालों से
रौशनियों को मेरे घर का रस्ता कौन बताएगा

डाली है इस ख़ुश-फ़हमी ने आदत मुझ को सोने की
निकलेगा जब सूरज तो ख़ुद मुझ को आन जगाएगा

लोगो मेरे साथ चलो तुम जो कुछ है वो आगे है
पीछे मुड़ कर देखने वाला पत्थर का हो जाएगा

दिन में हँस कर मिलने वाले चेहरे साफ़ बताते हैं
एक भयानक सपना मुझ को सारी रात डराएगा

मेरे बा'द वफ़ा का धोका और किसी से मत करना
गाली देगी दुनिया तुझ को सर मेरा झुक जाएगा

सूख गई जब आँखों में प्यार की नीली झील 'क़तील'
तेरे दर्द का ज़र्द समुंदर काहे शोर मचाएगा

1. उपकार करने वाला

(122)

हालात से ख़ौफ़ खा रहा हूँ
शीशे के महल बना रहा हूँ

सीने में मिरे है मोम का दिल
सूरज से बदन छुपा रहा हूँ

महरूम-ए-नज़र[1] है जो ज़माना
आईना उसे दिखा रहा हूँ

अहबाब[2] को दे रहा हूँ धोका
चेहरे पे ख़ुशी सजा रहा हूँ

दरिया-ए-फ़ुरात[3] है ये दुनिया
प्यासा ही पलट के जा रहा हूँ

है शहर में क़हत पत्थरों का
जज़्बात के ज़ख़्म खा रहा हूँ

मुमकिन है जवाब दे उदासी
दर अपना ही खटखटा रहा हूँ

आया न 'क़तील' दोस्त कोई
सायों को गले लगा रहा हूँ

---

1. नजर से दूर 2. मित्र 3. दक्षिण पश्चिम एशिया की एक नदी

(123)

अगरचे[1] मुझ को जुदाई तिरी गवारा नहीं
सिवाए इस के मगर और कोई चारा नहीं

ख़ुशी से कौन भुलाता है अपने प्यारों को
क़ुसूर इस में ज़माने का है तुम्हारा नहीं

तुम्हारे ज़िक्र से याद आए क्या घटा के सिवा
हमारे पास कोई और इस्तिआरा नहीं

ये इल्तिफ़ात[2] की भीक अपने पास रहने दे
तिरे फ़क़ीर ने दामन कभी पसारा नहीं

मिरा तो सिर्फ़ भँवर तक सफ़ीना[3] पहुँचा है
तुझे तो डूबने वालों ने भी पुकारा नहीं

हर एक रब्त[4] तिरे वास्ते से था वर्ना
भरे जहाँ में कोई आश्ना हमारा नहीं

जो तेरी दीद ने बख़्शे वही हैं ज़ख़्म बहुत
अब अपने दिल में कोई हसरत-ए-नज़ारा नहीं

बना सकूँ जिसे झूमर तुम्हारे माथे का
फ़लक पे आज भी ऐसा कोई सितारा नहीं

चलाए जाओ 'क़तील' अपना कारोबार-ए-वफ़ा
जो इस में जान भी जाए तो कुछ ख़सारा नहीं

---

1. हालाँकि 2. दया 3. नाव 4. मेलजोल

(124)

ऐ दोस्त! तिरी आँख जो नम है तो मुझे क्या
मैं ख़ूब हँसूँगा तुझे ग़म है तो मुझे क्या

क्या मैं ने कहा था कि ज़माने से भला कर
अब तू भी सज़ावार-ए-सितम[1] है तो मुझे क्या

हाँ ले ले क़सम गर मुझे क़तरा भी मिला हो
तू शाकी-ए-अर्बाब-ए-करम है तो मुझे क्या

जिस दर से नदामत[2] के सिवा कुछ नहीं मिलता
उस दर पे तिरा सर भी जो ख़म है तो मुझे क्या

मैं ने तो पुकारा है मोहब्बत के उफ़क़[3] से
रस्ते में तिरे संग-ए-हरम है तो मुझे क्या

भूला तो न होगा तुझे सुक़रात का अंजाम
हाथों में तिरे साग़र-ए-सम है तो मुझे क्या

पत्थर न पड़ें गर सर-ए-बाज़ार तो कहना
तू मोतरिफ़-ए-हुस्न-ए-सनम है तो मुझे क्या

मैं सरमद[4] ओ मंसूर बना हूँ तिरी ख़ातिर
ये भी तिरी उम्मीद से कम है तो मुझे क्या

---

1. अत्याचार योग्य 2. पछतावा 3. क्षितिज 4. दिल्ली के मशहूर सूफी

(125)

दिल पे आए हुए इल्ज़ाम से पहचानते हैं
लोग अब मुझ को तिरे नाम से पहचानते हैं

आईना-दार-ए-मोहब्बत हूँ कि अरबाब-ए-वफ़ा[1]
अपने ग़म को मिरे अंजाम से पहचानते हैं

बादा[2] ओ जाम भी इक वजह-ए-मुलाक़ात[3] सही
हम तुझे गर्दिश-ए-अय्याम[4] से पहचानते हैं

पौ फटे क्यूँ मिरी पलकों पे सजाते हो इन्हें
ये सितारे तो मुझे शाम से पहचानते हैं

---

1. प्रेमी 2. मदिरा 3. मिलन का कारण 4. दुःख की घड़ी

(126)

आओ कोई तफ़रीह[1] का सामान किया जाए
फिर से किसी वाइ'ज़ को परेशान किया जाए

बे-लग़्ज़िश-ए-पा मस्त हूँ उन आँखों से पी कर
यूँ मोहतसिब-ए-शहर को हैरान किया जाए

हर शय से मुक़द्दस[2] है ख़यालात का रिश्ता
क्यूँ मस्लहतों पर उसे क़ुर्बान किया जाए

मुफ़्लिस[3] के बदन को भी है चादर की ज़रूरत
अब खुल के मज़ारों पे ये ऐलान किया जाए

वो शख़्स जो दीवानों की इज़्ज़त नहीं करता
उस शख़्स का भी चाक गरेबान किया जाए

पहले भी 'क़तील' आँखों ने खाए कई धोके
अब और न बीनाई का नुक़सान किया जाए

---

1. सैर सपाटा 2. पवित्र 3. कंगाल

(127)

उस अदा से भी हूँ मैं आश्ना[1] तुझे इतना जिस पे ग़ुरूर है
मैं जियूँगा तेरे बग़ैर भी मुझे ज़िंदगी का शुऊ'र है

न हवस मुझे मय-ए-नाब की न तलब सबा-ओ-सहाब की
तिरी चश्म-ए-नाज़[2] की ख़ैर हो मुझे बे-पिए ही सुरूर है

जो समझ लिया तुझे बा-वफ़ा तो फिर इस में तेरी भी क्या ख़ता
ये ख़लल[3] है मेरे दिमाग़ का ये मिरी नज़र का क़ुसूर है

कोई बात दिल में वो ठान के न उलझ पड़े तिरी शान से
वो नियाज़-मंद[4] जो सर-ब-ख़म कई दिन से तेरे हुज़ूर है

मुझे देंगी ख़ाक तसल्लियाँ तिरी जाँ-गुदाज़ तजल्लियाँ
मैं सवाल-ए-शौक़-ए-विसाल हूँ तो जलाल-ए-शो'ला-ए-तूर है

मैं निकल के भी तिरे दाम से न गिरूँगा अपने मक़ाम से
मैं 'क़तील'-ए-तेग़-ए-जफ़ा सही मुझे तुझ से इश्क़ ज़रूर है

---

1. मित्र 2. निगाहें 3. बाधा 4. मुलाकाती

(128)

यारो किसी क़ातिल से कभी प्यार न माँगो
अपने ही गले के लिए तलवार न माँगो

गिर जाओगे तुम अपने मसीहा की नज़र से
मर कर भी इलाज-ए-दिल-ए-बीमार न माँगो

खुल जाएगा इस तरह निगाहों का भरम भी
काँटों से कभी फूल की महकार न माँगो

सच बात पे मिलता है सदा ज़हर का पियाला
जीना है तो फिर जीने का इज़हार न माँगो

उस चीज़ का क्या ज़िक्र जो मुमकिन ही नहीं है
सहरा[1] में कभी साया-ए-दीवार[2] न माँगो

---

1. रेगिस्तान 2. दीवार की छाँव

(129)

रक़्स[1] करने का मिला हुक्म जो दरियाओं में
हम ने ख़ुश हो के भँवर बाँध लिए पाँव में

उन को भी है किसी भीगे हुए मंज़र[2] की तलाश
बूँद तक भी न बो सके जो कभी सहराओं में

ए मिरे हम-सफ़रो तुम भी थके-हारे हो
धूप की तुम तो मिलावट न करो छाँव में

जो भी आता है बताता है नया कोई इलाज
बट न जाए तिरा बीमार मसीहाओं में

हौसला किस में है यूसुफ़ की ख़रीदारी का
अब तो महँगाई के चर्चे हैं ज़ुलेख़ाओं में

जिस बरहमन ने कहा है कि ये साल अच्छा है
उस को दफ़नाओ मिरे हाथ की रेखाओं में

वो ख़ुदा है किसी टूटे हुए दिल में होगा
मस्जिदों में उसे ढूंढों न कलीसाओं[3] में

हम को आपस में मोहब्बत नहीं करने देते
इक यही ऐब है इस शहर के दानाओं[4] में

मुझ से करते हैं 'क़तील' इस लिए कुछ लोग हसद[5]
क्यूँ मिरे शेर हैं मक़बूल हसीनाओं में

---

1. नृत्य 2. दृश्य 3. चर्च 4. बुद्धिमान 5. ईर्ष्या

(130)

यारो कहाँ तक और मोहब्बत निभाऊँ मैं
दो मुझ को बद-दुआ' कि उसे भूल जाऊँ मैं

दिल तो जला किया है वो शो'ला सा आदमी
अब किस को छू के हाथ भी अपना जलाऊँ मैं

सुनता हूँ अब किसी से वफ़ा कर रहा है वो
ऐ ज़िंदगी ख़ुशी से कहीं मर न जाऊँ मैं

इक शब भी वस्ल[1] की न मिरा साथ दे सकी
अहद-ए-फ़िराक़ आ कि तुझे आज़माऊँ मैं

बदनाम मेरे क़त्ल से तन्हा तू ही न हो
ला अपनी मोहर भी सर-ए-महज़र[2] लगाऊँ मैं

उतरा है बाम से कोई इल्हाम की तरह
जी चाहता है सारी ज़मीं को सजाऊँ मैं

उस जैसा नाम रख के अगर आए मौत भी
हँस कर उसे 'क़तील' गले से लगाऊँ मैं

---

1. मिलन 2. हस्ताक्षर

(131)

किस ने कहा तुम कूच करो बातें न बनाओ इंशा-जी
ये शहर तुम्हारा अपना है इसे छोड़ न जाओ इंशा-जी

जितने भी यहाँ के बासी हैं सब के सब तुम से प्यार करें
क्या उन से भी मुँह फेरोगे ये ज़ुल्म न ढाओ इंशा-जी

क्या सोच के तुम ने सींची थी ये केसर क्यारी चाहत की
तुम जिन को हँसाने आए थे उन को न रुलाओ इंशा-जी

तुम लाख सियाहत[1] के हो धनी इक बात हमारी भी मानो
कोई जा के जहाँ से आता नहीं उस देस न जाओ इंशा-जी

बिखराते हो सोना हर्फ़ों[2] का तुम चाँदी जैसे काग़ज़ पर
फिर इन में अपने ज़ख़्मों का मत ज़हर मिलाओ इंशा-जी

इक रात तो क्या वो हश्र तलक रक्खेगी खुला दरवाज़े को
कब लौट के तुम घर आओगे सजनी को बताओ इंशा-जी

नहीं सिर्फ़ 'क़तील' की बात यहाँ कहीं 'साहिर' है कहीं 'आली' है
तुम अपने पुराने यारों से दामन न छुड़ाओ इंशा-जी

---

1. पर्यटन 2. अक्षर

(132)

ऐ दीदा-ए-गिर्यां[1] क्या कहिए इस प्यार-भरे अफ़्साने को
इक शमअ' जली बुझने के लिए इक फूल खिला मुरझाने को

मैं अपने प्यार का दीप लिए आफ़ाक़[2] में हर-सू घूम गया
तुम दूर कहीं जा पहुँचे थे आकाश पे जी बहलाने को

वो फूल से लम्हे भारी हैं अब याद के नाज़ुक शानों पर
जो प्यार से तुम ने सौंपे थे आग़ाज़[3] में इक दीवाने को

इक साथ फ़ना हो जाने से इक जश्न तो बरपा होता है
यूँ तन्हा जलना ठीक नहीं समझाए कोई परवाने को

मैं रात का भेद तो खोलूँगा जब नींद न मुझ को आएगी
क्यूँ चाँद सितारे आते हैं हर रात मुझे समझाने को

---

1. आंसू भरी आँखें 2. दुनिया 3. शुरुआत

(133)

दिल जलता है शाम सवेरे
एक चराग़ और लाख अँधेरे

भीगी पलकें नींद से ख़ाली
चैन के दुश्मन रैन-बसेरे

लोग समझते हैं सौदाई[1]
प्यार ने अपने भी दिन फेरे

अपना अपना दर्द है वर्ना
किस की गलियाँ कैसे फेरे

उन का वो मासूम तबस्सुम[2]
जैसे कोई फूल बिखेरे

ए ग़म-ए-दौराँ ए ग़म-ए-जानाँ
दिल है एक सितम[3] बहुतेरे

कैसे पहुँचे नींद आँखों तक
बैठा है दिल रस्ता घेरे

तू ही बता ये दर्द है कैसा
पलकें मेरी आँसू तेरे

---

1. मजनूं 2. मुस्कान 3. कष्ट

(134)

राब्ता[1] लाख सही क़ाफ़िला-सालार[2] के साथ
हम को चलना है मगर वक़्त की रफ़्तार के साथ

ग़म लगे रहते हैं हर आन ख़ुशी के पीछे
दुश्मनी धूप की है साया-ए-दीवार के साथ

किस तरह अपनी मोहब्बत की मैं तकमील[3] करूँ
ग़म-ए-हस्ती भी तो शामिल है ग़म-ए-यार के साथ

लफ़्ज़ चुनता हूँ तो मफ़्हूम[4] बदल जाता है
इक न इक ख़ौफ़ भी है जुरअत-ए-इज़हार के साथ

दुश्मनी मुझ से किए जा मगर अपना बन कर
जान ले ले मिरी सय्याद मगर प्यार के साथ

दो घड़ी आओ मिल आएँ किसी 'ग़ालिब' से 'क़तील'
हज़रत 'ज़ौक़' तो वाबस्ता हैं दरबार के साथ

1. बाँधने या कसने की रस्सी 2. यात्रियों का समूह 3. पूरा 4. अर्थ

(135)

अब तो बे-दाद[1] पे बे-दाद करेगी दुनिया
हम न होंगे तो हमें याद करेगी दुनिया

ज़िंदगी भाग चली मौत के दरवाज़े से
अब क़फ़स[2] कौन सा ईजाद करेगी दुनिया

हम तो हाज़िर हैं पर ऐ सिलसिला-ए-जौर-ए-क़दीम
ख़त्म कब विर्सा-ए-अज्दाद करेगी दुनिया

सामने आएँगे अपनी ही वफ़ा के पहलू
जब किसी और को बरबाद करेगी दुनिया

क्या हुए हम कि न थे मर्ग-ए-बशर[3] के क़ाइल
लोग पूछेंगे तो फ़रियाद[4] करेगी दुनिया

---

1. अत्याचार 2. कैदखाना 3. इंसान की मौत 4. प्रार्थना

(136)

सिसकियाँ लेती हुई ग़मगीं हवाओ चुप रहो
सो रहे हैं दर्द उन को मत जगाओ चुप रहो

रात का पत्थर न पिघलेगा शुआ'ओं[1] के बग़ैर
सुब्ह होने तक न बोलो हम-नवाओ चुप रहो

बंद हैं सब मय-कदे साक़ी बने हैं मोहतसिब[2]
ऐ गरजती गूँजती काली घटाओ चुप रहो

तुम को है मालूम आख़िर कौन सा मौसम है ये
फ़स्ल-ए-गुल[3] आने तलक ऐ ख़ुश-नवाओ चुप रहो

सोच की दीवार से लग कर हैं ग़म बैठे हुए
दिल में भी नग़्मा न कोई गुनगुनाओ चुप रहो

छट गए हालात के बादल तो देखा जाएगा
वक़्त से पहले अँधेरे में न जाओ चुप रहो

देख लेना घर से निकलेगा न हम-साया कोई
ऐ मिरे यारो मिरे दर्द-आश्नाओ चुप रहो

क्यूँ शरीक-ए-ग़म[4] बनाते हो किसी को ऐ 'क़तील'
अपनी सूली अपने काँधे पर उठाओ चुप रहो

---

1. आशा की किरण 2. हिसाब लेने वाले 3. वसंत ऋतु 4. दुखदर्द का साथी

(137)

हाथ दिया इस ने मिरे हाथ में
मैं तो वली बन गया इक रात में

इश्क़ करोगे तो कमाओगे नाम
तोहमतें[1] बटती नहीं ख़ैरात[2] में

इश्क़ बुरी शय सही पर दोस्तो
दख़्ल न दो तुम मिरी हर बात में

मुझ पे तवज्जोह[3] है सब आफ़ात की
कोई कशिश तो है मिरी ज़ात में

राह-नुमा था मिरा इक सामरी
खो गया मैं शहर-ए-तिलिस्मात[4] में

मुझ को लगा आम सा इक आदमी
आया वो जब काम के औक़ात में

शाम की गुल-रंग हवा क्या चली
दर्द महकने लगा जज़्बात में

हाथ में काग़ज़ की लिए छतरियाँ
घर से न निकला करो बरसात में

रब्त[5] बढ़ाया न 'क़तील' इस लिए
फ़र्क़ था दोनों के ख़यालात में

---

1. लांछन 2. मुफ्त 3. कृपा दृष्टि 4. जादू का शहर 5. सम्पर्क

(138)

ज़िक्र मिरा और तेरे लब पर याद मिरी और तेरे दिल में
झूठी आस दिलाने वाले आग न भड़का मेरे दिल में

मुझ से आँखें फेर के तू ने ये मुश्किल भी आसाँ कर दी
वर्ना तेरे ग़म के बदले लेता कौन बसेरे दिल में

प्यार-भरी उम्मीदों पर अग़्यार[1] की वो ज़र-पोश निगाहें
काँटों के पैवंद लगा कर तू ने फूल बिखेरे दिल में

पूछ रही है दुनिया मुझ से वो हरजाई चाँद कहाँ है
दिल कहता है ग़ैर के बस में मैं कहता हूँ मेरे दिल में

काश कभी सफ़्फ़ाक[2] ज़माना मेरा सीना चीर के देखे
चैन के बदले दर्द ने अब तो डाल दिए हैं डेरे दिल में

डरते डरते सोच रहा हूँ वो मेरे हैं अब भी शायद
वर्ना कौन किया करता है यूँ फेरों पर फेरे दिल में

प्यार की पहली मंज़िल पर अंजान मुसाफ़िर देख रहा है
आँखों में संगीन उजाले और सय्याल[3] अँधेरे दिल में

उजड़ी यादों टूटे सपनों शायद कुछ मालूम हो तुम को
कौन उठाता है रह रह कर टीसें शाम-सवेरे दिल में

---

1. अनजान लोग 2. निर्मम 3. पिघले

(139)

मिरी नज़र से न हो दूर एक पल के लिए
तिरा वजूद है लाज़िम मिरी ग़ज़ल के लिए

कहाँ से ढूँढ के लाऊँ चराग़ सा वो बदन
तरस गई हैं निगाहें कँवल कँवल के लिए

किसी किसी के नसीबों में इश्क़ लिक्खा है
हर इक दिमाग़ भला कब है इस ख़लल के लिए

हुई न जुरअत-ए-गुफ़्तार तो सबब ये था
मिले न लफ़्ज़ तिरे हुस्न-ए-बे-बदल के लिए

सदा जिए ये मिरा शहर-ए-बे-मिसाल जहाँ
हज़ार झोंपड़े गिरते हैं इक महल के लिए

'क़तील' ज़ख़्म सहूँ और मुस्कुराता रहूँ
बने हैं दाएरे क्या क्या मिरे अमल के लिए

(140)

इक जाम खनकता जाम कि साक़ी रात गुज़रने वाली है
इक होश-रुबा[1] इनआ'म कि साक़ी रात गुज़रने वाली है

वो देख सितारों के मोती हर आन बिखरते जाते हैं
अफ़्लाक[2] पे है कोहराम कि साक़ी रात गुज़रने वाली है

गो देख चुका हूँ पहले भी नज़्ज़ारा दरिया-नोशी[3] का
एक और सला-ए-आम कि साक़ी रात गुज़रने वाली है

ये वक़्त नहीं है बातों का पलकों के साए काम में ला
इल्हाम कोई इल्हाम[4] कि साक़ी रात गुज़रने वाली है

मद-होशी में एहसास के ऊँचे ज़ीने से गिर जाने दे
इस वक़्त न मुझ को थाम कि साक़ी रात गुज़रने वाली है

---

1. होश उड़ाने वाला 2. सातवें आसमान पर 3. पियक्कड़ 4. देववाणी

(141)

तड़पती हैं तमन्नाएँ किसी आराम से पहले
लुटा होगा न यूँ कोई दिल-ए-नाकाम से पहले

ये आलम देख कर तू ने भी आँखें फेर लीं वर्ना
कोई गर्दिश नहीं थी गर्दिश-ए-अय्याम[1] से पहले

गिरा है टूट कर शायद मिरी तक़दीर का तारा
कोई आवाज़ आई थी शिकस्त-ए-जाम[2] से पहले

कोई कैसे करे दिल में छुपे तूफ़ाँ का अंदाज़ा
सुकूत-ए-मर्ग[3] छाया है किसी कोहराम से पहले

न जाने क्यूँ हमें इस दम तुम्हारी याद आती है
जब आँखों में चमकते हैं सितारे शाम से पहले

सुनेगा जब ज़माना मेरी बर्बादी के अफ़्साने[4]
तुम्हारा नाम भी आएगा मेरे नाम से पहले

---

1. दुःख की घड़ी 2. शराब का प्याला 3. मौत का कम होना 4. कहानियाँ

(142)

कैसे कैसे भेद छुपे हैं प्यार भरे इक़रार के पीछे
कोई पत्थर तान रहा है शीशे की दीवार के पीछे

दिल में आग लगा जाता है ये बिन यार बहार का मौसम
एक तपिश भी होती है इस ठंडी सी फुवार के पीछे

सोच अभी से फिर क्या होगा बीत गई जब रात मिलन की
एक उदासी रह जाएगी पायल की झंकार के पीछे

कौन लगाए खोज किसी का ख़ुद-ग़र्ज़ी[1] के इस जंगल में
मिलता है इंसान यहाँ भी लेकिन एक हज़ार के पीछे

नंगी हो कर नाच रही है भूखी रूहों की मजबूरी
झाँक सको तो झाँक के देखो जिस्मों के अम्बार के पीछे

ये हाकिम भी दोस्त है मेरा ये नासेह[2] भी मेरा हमदम
कितने ही ग़म-ख़्वार पड़े हैं एक तिरे बीमार के पीछे

तेरा तो इक दिल टूटा है यार 'क़तील' उदास न हो तू
लोग तो जाँ भी दे देते हैं प्यारे अपने यार के पीछे

---

1. स्वार्थपरतता 2. अच्छी बातें समझाने वाला

(143)

शर्मिंदा उन्हें और भी ऐ मेरे ख़ुदा कर
दस्तार[1] जिन्हें दी है उन्हें सर भी अता कर

लूटा है सदा जिस ने हमें दोस्त बना कर
हम ख़ुश हैं उसी शख़्स से फिर हाथ मिला कर

डर है कि न ले जाए वो हम को भी चुरा कर
हम लाए हैं घर में जिसे मेहमान बना कर

इक मौज दबे पाँव तआ'क़ुब में चली आई
हम ख़ुश थे बहुत रेत की दीवार बना कर

हम चाहें कि मिल जाएँ हमें ढेर से मोती
सीढ़ी किसी पुर-हौल समुंदर में लगा कर

दरकार उजाला है मगर सहमे हुए हैं
कर दे न अँधेरा कोई बारूद जला कर

ले इस ने तिरा कासा-ए-जाँ[2] तोड़ ही डाला
जा कूचा-ए-क़ातिल में 'क़तील' और सदा कर

---

1. टोपी 2. कटोरा

(144)

प्यार की राह में ऐसे भी मक़ाम आते हैं
सिर्फ़ आँसू जहाँ इंसान के काम आते हैं

उन की आँखों से रखे क्या कोई उम्मीद-ए-करम[1]
प्यास मिट जाए तो गर्दिश में वो जाम आते हैं

ज़िंदगी बन के वो चलते हैं मिरी साँस के साथ
उन को ऐसे कई अंदाज़-ए-ख़िराम[2] आते हैं

हम न चाहें तो कभी शाम के साए न ढलें
हम तड़पते हैं तो सुब्हों के सलाम आते हैं

हम पे हो जाएँ न कुछ और भी रातें भारी
याद अक्सर वो हमें अब सर-ए-शाम आते हैं

छिन गए हम से जो हालात की राहों में 'क़तील'
उन हसीनों के हमें अब भी पयाम[3] आते हैं

---

1. कृपा की आशा 2. इठलाने की अदा 3. संदेश

www.ingramcontent.com/pod-product-compliance
Lightning Source LLC
LaVergne TN
LVHW021127160826
845679LV00015B/1674

* 9 7 8 9 3 9 0 9 6 0 3 4 7 *